讲"真"崇"善"尚"美"：宏观经济学

车茹雅 编著

西北工业大学出版社

西安

图书在版编目(CIP)数据

讲"真"崇"善"尚"美":宏观经济学/车茹雅编著. —西安:西北工业大学出版社,2021.9
ISBN 978-7-5612-7752-2

Ⅰ.①讲… Ⅱ.①车… Ⅲ.①宏观经济学 Ⅳ.①F015

中国版本图书馆 CIP 数据核字(2021)第 277172 号

JIANG"ZHEN" CHONG"SHAN" SHANG"MEI":HONGGUAN JINGJIXUE
讲"真"崇"善"尚"美":宏观经济学

| 责任编辑:李文乾 郭军方 | 策划编辑:张 晖 |
| 责任校对:万灵芝 | 装帧设计:李 飞 |

出版发行:西北工业大学出版社
通信地址:西安市友谊西路 127 号   邮编:710072
电　　话:(029)88493844,88491757
网　　址:www.nwpup.com
印 刷 者:陕西向阳印务有限公司
开　　本:787 mm×1 092 mm   1/16
印　　张:8.875
字　　数:233 千字
版　　次:2021 年 9 月第 1 版   2021 年 9 月第 1 次印刷
定　　价:48.00 元

如有印装问题请与出版社联系调换

前 言

讲"真"、崇"善"、尚"美",为本书孜孜以求。

讲"真"。与所有的自然科学一样,经济学具有科学性质。科学的最高价值是求"真",所以经济学是求"真"的。本书对"真"内容进行梳理、整合、打包与压缩,形成"1(一个中心)2(两个基本点)3(三个市场)4(四个主体)5(五个模型)",普及宏观经济学基本原理及前沿理论,帮助学生成为一个有科学素养的人。

崇"善"。与所有的社会科学一样,经济学具有人文性质。它研究人的经济活动,以人的幸福为落脚点,是崇"善"的。经济理性还是人文感性,国内生产总值还是幸福感,莺飞草长二月天还是钢筋水泥伴假山……金山银山还是绿水青山?这是急功近利与泽被后代的较量,是生态平衡与经济理论的较量,经济学有义务讲"真",更有责任崇"善"。本书以合适的"真"知为载体,适时导入体现正能量的身边案例、时事新闻和习近平新时代中国特色社会主义思想,帮助学生成为一个有人文修养的人。

尚"美"。经济学讲"真"、崇"善",必然尚"美"。德国作家席勒有语:"只有审美的趣味才能导致社会和谐,因为它在个体身上奠定了和谐。审美是人的解放,是摆脱异化的一个路径。"经济学之美,不但有科学的真美、人文的善美,还有数学的工具美以及语言表达的诗意美。本书力求在内容上有棱有角,在语言上含山含水,以体现经济学之美,帮助学生成为一个有艺术气质的人。

做人行事,"真"为开始,"善"为历程,"美"为归宿。讲"真"、崇"善"、尚"美",是一个有"知"、有"智"、有"质"的人的符号和气韵。谨以此书,抛砖引玉。

编著者

2021 年 5 月

目 录

第一章 绪论——唤醒"睡美人" ································· 1
 第一节 经济学的性质 ··· 1
 第二节 经济学的工具 ··· 2
 第三节 宏观经济学研究的问题 ································· 3
 课程思政教学案例 ··· 5

第二章 国民收入及其核算——让幸福来敲门 ·················· 8
 第一节 国民收入及相关概念 ···································· 8
 第二节 你幸福吗 ·· 13
 课程思政教学案例 ·· 14

第三章 国民收入决定的 AE 模型分析——均衡和弦(1) ···· 17
 第一节 消费理论 ·· 18
 第二节 两部门条件下国民收入的决定——AE 分析 ········· 22
 第三节 三部门条件下均衡国民收入的决定与变化 ··········· 31
 课程思政教学案例 ·· 39

第四章 国民收入决定的 IS‐LM 分析——均衡和弦(2) ····· 42
 第一节 投资函数 ·· 42
 第二节 两部门条件下国民收入的决定与变化 ················ 45
 第三节 货币市场均衡与利息率的决定 ························ 49
 第四节 两部门条件下产品与货币市场的同时均衡 ··········· 57
 第五节 三部门条件下产品与货币市场的同时均衡 ··········· 64
 第六节 大象转身,寸步亦是壮举——浅谈我国利率市场化改革进程 ··· 76

第五章 国民收入决定的 AD‐AS 分析——均衡和弦(3) ···· 79
 第一节 总需求函数和总需求曲线 ····························· 79
 第二节 总供给函数和总供给曲线 ····························· 83
 第三节 国民收入决定——AD‐AS 模型 ······················ 91
 第四节 财政政策与货币政策 ·································· 98

第六章　物价总水平上涨与失业理论——暗含的逻辑魅力 ················ 108

 第一节　物价总水平上涨基础知识 ································· 108
 第二节　需求拉动型物价总水平上涨理论 ··························· 109
 第三节　供给推动型物价总水平上涨理论 ··························· 110
 第四节　混合型物价总水平上涨理论 ······························· 113
 第五节　菲利普斯曲线：物价总水平上涨与失业的关系 ················· 114

第七章　经济周期、经济增长与经济发展——绿水青山里的政府情怀 ········ 118

 第一节　经济周期 ·· 118
 第二节　经济增长 ·· 127
 第三节　经济发展 ·· 131

参考文献 ··· 136

第一章 绪 论
——唤醒"睡美人"

❋ **教学内容**

本章帮助学生打开思绪,在学生与课程内容之间架起桥梁,进一步拉近学生与课程之间的客观距离,主要内容包括认知经济学的性质和宏观经济学研究的问题。

❋ **教学目的**

思政引领:从经济学的科学性质与实证分析法、人文性质与规范分析法切入,让学生感觉科学求"真",人文求"善"、求"美",实证分析求"真",规范分析求"善"、求"美"的特征,从而唤醒学生对课程的"真、善、美"的意识;了解自然资源的不可再生性,树立人与自然和谐相处的意识和追求。

知识传授:了解经济学的性质,掌握初级经济学所需的基本数学工具,掌握实证和规范分析法,明晰宏观经济学研究的问题是资源利用。

思维培养:引导学生逐步形成从抽象的角度将数学、物理学、经济学融会贯通的哲学思维能力,以及语言转化能力。

第一节 经济学的性质

一、经济学的科学性质与实证分析法——讲"真"

与所有的自然科学一样,经济学具有科学性质。经济学的科学性质,是与近现代文化中的"科学主义"相联系的。该主义认为,自然科学是人类认识的典型,唯有科学是理性、客观、程序化的,基于科学的知识具有普适性,不涉及价值判断,相对独立于主体。经济学不同于文学、艺术、历史和哲学等人文学科,因为这些学科带有很强的主观性、个别性、模糊性和难以量化性。一般来说,科学主义与实证研究是分不开的。实证经济学就是以实证的方法体现经济学的科学性质,体现经济学价值无涉的特征。譬如,"经济现状是什么样的""中国当前的失业率如何""2019 年一季度中国的居民消费额是多少"等等,它是对客观经济现象的求证,也就是求"真"。

二、经济学的人文性质与规范分析法——崇"善"、尚"美"

与所有的社会科学一样,经济学具有人文性质。经济学的人文性质,是与近现代文化中的"人文主义"相联系的。该主义认为,人文学科是探讨人的存在价值和意义的学科。经济学研究人的经济活动,不但关注人的物质世界,而且关注人的精神世界,以人的幸福为落脚点。因此,从这一点来看,经济学是崇"善"、尚"美"的。

科学主义主张实证研究,人文主义注重规范研究,经济学的人文性质决定了其研究方法的规范特征。经济学以一定的价值判断为出发点和基础,提出标准和参照物,并以此作为回答经济问题和制定经济政策的依据。譬如,"经济现状应该是什么""中国当前的财政政策应该如何选择""消费应该是绿色、可持续的"等等。这种以价值判断为标志的规范研究法反映了经济学崇"善"和尚"美"的特征。

综上所述,经济学是科学与人文性质统一、实证与规范研究方法和谐的学科,是一门讲"真"、崇"善"和尚"美"的学科。学习经济学,弘扬"真、善、美",崇德向善,见贤思齐。

第二节 经济学的工具

一、经济学必需的数学工具

数学是一门工具学科,掌握数学工具的最终使命是跨出数学,将其用于与数学有关的领域,如经济学。因此,数学工具和经济学的结合是一种天然姻缘,是由经济学的研究目的和数学的工具特征同时决定的。

作为一门实证科学,经济学在研究经济变量的变化过程中总结经济规律,在研究经济变量与经济变量的关系中递推经济关系。数学工具在经济学研究中的运用历史久远。威廉·配弟的《政治算数》、魁奈的"经济表"、轰动经济学的边际革命,使得数学成为经济理论推演的核心工具。20世纪以后,数学在经济学中的应用更是达到顶峰,计量经济学、统计学、数理经济学等,广泛且频繁地应用于经济学研究中。

二、数学工具之美

罗素说:"数学,如果正确地看,不但拥有真理,而且也具有至高的美。"数学在研究自然界的规律,也是在捕捉自然之美。这种美表现在数学表达内容时的简洁美和表达形式时的对称美。

1. 简洁美

运用数学可以将经济学理论内容、结构及逻辑关系简明扼要地表达出来,没有冗余。这种简明扼要并不是指数学本身是简单的,而是其作为一种工具和语言,能将经济运动、经济关系化繁为简,却又不失内容本身的韵味。数学能将经济知识"公理化",使其不证自明。通过数学语言,经济运动中人与自然、人与物的关系可抽象为变量与变量的关系,关系的方向和力度可以转化为一个方程或一条曲线,精妙绝伦。

2. 对称美

对称美主要指的是数学的形式美。在数学中,大量的图形语言在大小、形状和排列上具有一一对应的关系:常量与变量、运算与逆运算、函数与反函数、点的对称、轴的对称等等。在经济学中,供给和需求、投入与产出、静止与运动等具有人文哲学韵律的内容被一一化解为数学中的对称形式,展现为不可方物的美。

3. 和谐美

数学的美,美在对称。对称即和谐。正如数学家毕达哥拉斯所说:"宇宙间的万事万物具有一致性规律,在本质上就是数的严整性及和谐性。"在宏观经济学内容中,无论是经济主体的彼此适应,还是供求两线的彼此磨合,无论是产品与货币市场的共同整合,还是财政政策与货币政策的互生诉求,无论是繁荣与萧条的彼此候望,还是计划与市场的对峙较量,都可以交给数学,统一于数学,表达为数学的和谐美。

第三节 宏观经济学研究的问题

一、资源与资源利用

(一)资源及其分类

马克思在《资本论》中说:"劳动和土地,是财富两个原始的形成要素。"恩格斯的定义如下:"其实,劳动和自然界在一起才是一切财富的源泉,自然界为劳动提供材料,劳动把材料转变为财富。"马克思、恩格斯的定义,既指出了自然资源的客观存在,又把人(包括劳动力和技术)的因素视为财富的另一个不可或缺的来源。可见,资源不仅指自然资源,而且包括人类劳动的社会、经济、技术等因素,还包括人力、人才、智力(信息、知识)等资源。据此,所谓资源指的是一切可被人类开发和利用的物质、能量和信息的总称,广泛存在于自然界和人类社会中,是一种自然存在物或者能够给人类带来财富。或者说,资源就是指自然界和人类社会中一种可以用以创造物质财富和精神财富的具有一定量的积累的客观存在形态,如土地资源、矿产资源、森林资源、海洋资源、石油资源、人力资源和信息资源等。

资源一般可分为经济资源与非经济资源两大类。经济学研究的资源是不同于地理资源(非经济资源)的经济资源,具有使用价值,可以为人类开发和利用。

《经济学解说》将"资源"定义为"生产过程中所使用的投入"。这一定义很好地反映了"资源"一词的经济学内涵,资源从本质上讲就是生产要素的代名词。"按照常见的划分方法,资源被划分为自然资源、人力资源和加工资源。"[①]

(二)资源利用

围绕资源,宏观经济学与微观经济学各有视角。与微观经济学解决资源如何配置问题不同,宏观经济学解决的基本经济问题是资源利用问题。所谓资源的充分利用就是应该达到一个"均衡"状态,即充分就业的均衡。当总产出与需求相等时,表明实现了均衡。但这个均衡的总产出有可能小于实现了充分就业时所要求的总产出,这时经济社会就会存在所谓非自愿失业现象。需要指出的是,宏观经济学所研究的均衡,涉及产品市场、货币市场、劳动力市场和国际市场等多个市场的均衡。因此,只有实现了充分就业时所要求的均衡,才表明解决了资源利用问题。当均衡的总产出脱离了(大于或小于)充分就业的总产出时,就需要政府运用宏观经济政策进行干预和调控。这就是说,宏观经济学把资源配置作为既定的前提,研究现有资源未能得到充分利用的原因、资源达到充分利用的途径,以及如何实现经济增长等问题。

---

① 蒙德尔,《经济学解说》,经济科学出版社,2000年。

二、用生命守护自然资源

2019年3月31日,四川省凉山州木里县境内发生森林火灾。31日下午的救火行动中,30名扑火人员失联。截至4月1日18时30分,失联的30名扑火人员的遗体全部找到。30人中,除去3名地方扑火人员,另外的27名消防员中,有1名80后、24名90后、2名00后,年龄最小的只有18岁。

古往今来,多少仁人志士与这30名英雄一样,为了守护水木山川这些或稀缺、或濒临灭绝的自然资源,献出了自己的宝贵生命。这是用生命守护生命的赞歌,是时代精神的映照。

怎样认识新时代生态文明建设的科学内涵?综观习近平总书记"两山论"的时代性、历史性和哲学性,绿水青山就是金山银山,这是建设生态文明、实现绿水青山就是金山银山的三重跨越、三重境界。

第一,止损。绝不以牺牲环境、浪费资源为代价换取一时的经济增长,绝不走"先污染后治理"的老路。绿水青山没有了,再多的金山银山又有什么意义呢?按照习近平总书记"经济发展不应是对资源和生态环境的竭泽而渔,生态环境保护也不应是舍弃经济发展的缘木求鱼"的科学论断,正确处理发展和环境保护的关系,坚持在发展中保护、在保护中发展,以生态红线思维确定发展的"底线"。

第二,发展。积极探索环境保护新道路,不断解放和发展绿色生产力,开创"生态红利"社会主义生态文明新时代。按照习近平总书记"保护生态环境就是保护生产力,改善生态环境就是发展生产力"的科学论断,把自然生态资源良好的"绿水青山"纳入生产力范畴,把生态文明建设放在突出位置,融入经济建设、政治建设、文化建设、社会建设各方面和全过程,融入工业化、信息化、城镇化、农业现代化过程中,不断解放和发展生态生产力,使蓝天白云、青山绿水作为长远发展的最大本钱,使生态优势转变成经济优势、发展优势。

第三,创新。着力推动促使"生态社会"文明形态全面形成的根本性变革力量。生态文明是生态社会的文明。正如石器于原始社会、铁犁于农业社会、蒸汽机于工业社会分别对原始文明、农业文明和工业文明的形成和发展起到决定性作用一样,按照习近平总书记治国理政新发展理念的要求,创新居首,实现"生态技术""生态生产力"的根本性变革,推动生态社会新型生产关系的形成和文明的转型。2017年5月,中国宣布在海域天然气水合物试采成功。可以预言,这将对世界范围内的能源生产、消费革命和国际经济政治格局产生十分重大和深远的影响。生态文明,生态社会的文明形态,也不外乎是生态化生产方式和生活方式支配和影响下的文明方式。我们热切地期待绿水青山就是金山银山的两山竞合。那时绿水青山的自然主义和金山银山的人道主义,实现了完全的融合。中华文明将以生态文明的全面转型,为人类文明做出新的伟大贡献。

崇尚英雄,尊重英烈,是每一位中国人的应有觉悟和担当,让我们向他们学习,与他们一样,为保护环境、节约资源贡献自己的一份力量,成为习近平生态文明思想的守护者和传播者。(资料来源:http://theory.people.com.cn/n1/2018/0223/c40531-29830760.html)

本 章 小 结

经济学是一门科学,科学讲"真",所以经济学讲"真";经济学是一门社会科学,以人的经济活动为研究对象,以为人谋福祉为研究目的,所以经济学崇"善";经济学讲"真"、崇"善",所以经济学尚"美"——经济学的美不仅表现在内容上,还表现在研究方法上。经济学研究方法表现为数学的对称美、简洁美和和谐美。讲"真"、崇"善"、尚"美",是高等教育的初心,也是教学的目的和归宿。

◎ 课程思政教学案例

用生命守护自然资源

❖ **教学目的**

以课程内容——资源与资源利用为载体,以剧目的形式在师生、生生问答中激起学生向英雄学习的正义感和豪迈感,引导学生形成学习习近平生态文明思想的主动性和自觉性。

❖ **教学过程**

第一幕 回眸英雄

师:上一节课,我们一起认识了经济学的性质——讲"真"、崇"善"、尚"美"。经济学是美的,经济学的课堂是诗意的,经济学的师生是会读诗的。下面,就让我们一起朗读一首诗。

英雄涅槃

车老师

三月天微凉,

凉山刚有花香。

你双目如炬,站在火中央。

看昔日丛林,已变成烬殇。

正等你赤子的情怀,浇筑绿的渴望。

火在飞,你用命去追,

有声音在催,

绿水青山,千秋最真。

火在飞,你舍命去追,

有信仰在心,

国若安好,天堂里我们也能举杯!

教室里回荡起久久的掌声。

师:同学们,诗虽幼稚,但故事荡气回肠,你们知道是什么故事吗?

生:这是"3·31"凉山救火英雄的故事!

生:这是一曲用生命守护森林的时代赞歌!

……

同学们开始纷纷议论,声音里饱含激动和振奋,眼前似乎闪过一个个英雄的光辉形象,顺着气氛,推出第二幕。

第二幕 缅怀英魂

图片未出,声音先来,不知是谁一声令下:"起立!"全班起立,向英雄默哀!

短短三分钟,有眼泪在流,有心房在鼓动!我知道,英雄的种子已经植入同学们的心灵。不用语言,没有动作,只有榜样的力量。

此时的教室比以往任何时候都要安静,同学们睁着大大的眼睛,等着任何一个声音的召唤。我选择了安插知识点来平复他们的情绪,适时推出第三幕。

第三幕 传授知识

师: 大家还知道哪些和凉山救火英雄同样震撼的故事呢?

生: 古有大禹治水,三过家门而不入!

生: 杰桑·索南达杰,用生命守护可可西里!

……

至此,我和同学们的脸上全是激动,彼此都能感受到对方周身的正义感,为了这些英雄,也为了能和英雄一样的明天的自己!

师: 对,古往今来,有很多英雄舍命守护绿水青山。那么大家是否知道,在我们经济学中,他们舍命守护的山川河林叫什么?

生: 自然资源!

师: 对,叫自然资源。除山川河林之外,大家还知道哪些自然资源呢?

生: 空气、矿产、能源。

生: 还有脚下的土地。

……

教师顺势结合学生眼中的自然资源的具体内容,讲解自然资源的定义、分类及特征。

师: 刚才我们讲了,自然资源有两个鲜明的特征:稀缺、可使用。这两个特征是不分时间和空间客观存在的,是绝对的,因此,如何利用稀缺的资源就成为所有时代的使命,也成为宏观经济学的研究任务——资源利用。

生: 老师之前讲过,经济学的基本假定是经济运动的主体是完全理性经济人。完全理性经济人的经济行为选择的坐标和归宿是利润最大化。他们利用资源必然是以利益为导向的,因为自然资源也属于资源。因此,他们会为了达到利润最大化的目的而破坏甚至用尽自然资源。

师: 这是一个很严密的逻辑和发现。自然资源被破坏或耗尽的逻辑起点是什么呢?

生: 是完全理性经济人假设。

师: 该假设还会导致哪些负面现象呢?

生: 强调经济理性,阉割人文感性;大写了国内生产总值,弱化了幸福感。赶走了莺飞草长二月天,留下了钢筋水泥伴假山,有了金山银山,没了绿水青山。

至此,同学们不但了解了经济学理论的致命缺陷及其在指导实践过程中造成的必然败笔,也自然而然地感受到将人文之美的种子植入经济学是时代必需的。更重要的是,话题自然引向习近平生态文明思想,自然拉开第四幕。

第四幕　传播思想

建设生态文明是中华民族永续发展的千年大计。必须树立和践行绿水青山就是金山银山的理念,坚持节约资源和保护环境的基本国策,像对待生命一样对待生态环境。

——摘自党的十九大报告

师: 这段话摘自党的十九大报告,是习总书记对资源利用问题的伟大见解,也是习近平生态文明思想的高度浓缩,大家了解吗?

生: 习总书记说过,宁要绿水青山,不要金山银山。

生: 习总书记还说过,要金山银山,也要绿水青山。

……

师: 习总书记还说过:"节约资源是保护生态环境的根本之策。"必须坚持节约优先、保护优先、自然恢复为主的方针,形成节约资源和保护环境的空间格局、产业结构、生产方式、生活方式,还自然以宁静、和谐、美丽。

习近平生态文明思想自然植入同学们的心中。为了让这些思想开花结果,就势拉开第五幕。

第五幕　回到初心

师: 同学们,习近平生态文明思想不只是用来学习的,也不能够只停留在我们的头脑中,我们要用行动让这些思想活起来,这才不会辜负新一代共产党人的千秋情怀。那么,让我们从身边做起,从我做起!

生: 离开教室前随手关灯。

生: 节约用水和光盘行动。

……

师: 我们相信,只要每一个人都有了与大自然同呼吸、共命运的担当和自觉,我们就一定能够回到初心。

尾　声

下课铃响了,我发现同学们或记录,或思考,脸上洋溢着淡淡的笑。阳光从窗外穿过,暖暖的,一切刚刚好!

◆ **教学反思**

以诗歌引领,形式新颖。本节课以和学生一起读诗的方式开始,不但形式新颖,而且彰显文化魅力,让学生感受到授课形式的多样性,经济学也可以是很美的,从而唤起他们的学习兴趣。

用英雄事迹激活文本。以英雄事迹激起学生的正义感和豪迈感,通过循循善诱,将文本知识融入学生对英雄事迹的感知中,在学生深层的体验和领悟中体现了文本的价值。

巧妙引领,顺利"助产"。苏格拉底说过:"教师要善于做学生思想的'助产士'。"本课程共分五幕,前后剧目的转换由教师掌控,随时推进,自然流畅,顺利地完成了知识传授、价值引领和能力培养三个目标,并使其水乳交融,毫无割裂感。

课堂时间把控不是很好,最后一幕有些仓促,牺牲了学生的课间休息,后续课程安排需引起注意。

第二章 国民收入及其核算
——让幸福来敲门

✸ **教学内容**

本章是宏观经济学基本内容的开篇,主要对组成宏观经济学理论体系的最小单元——概念,进行界定和梳理,同时对一些指标性概念的度量方法进行介绍,为后续内容做铺垫。

✸ **教学目的**

思政引领:通过对财富度量指标的思辨,帮助学生建立正确的幸福观;借助图形语言,让学生感受经济机体的精密和曼妙,培养学生对经济学的审美意识。

知识传授:掌握国内产品、国内生产总值、国民收入的概念;掌握国内生产总值的核算方法;理解国民收入循环流程图。

思维培养:能够比照国民收入核算方法和统计工具书相关内容,感受理论对实践的指导作用;能够对当前一些教材中对本章的逻辑扭曲内容进行思辨,逐步养成批判式思维能力。

第一节 国民收入及相关概念

宏观经济学的核心理论是国民收入理论。换句话说,宏观经济学的核心概念就是国民收入。微观经济学的相关内容告诉我们,收入是生产要素所有者让渡自有生产要素的使用价值而换回的货币,而要素所有者能够让渡自有生产要素则源于生产者需要使用其生产要素完成产品的生产。据此,定义国民收入,需从生产者生产的产品,也就是国内产品切入,逐步完成。

一、国民收入

这一部分主要强调和明晰两个问题:第一,为了保证内容的强逻辑特征,该部分只对国民收入及其主干延伸概念进行分析,其他枝干层面概念暂且不谈。第二,一些教材因为在第一点里的取舍不够,导致对核心概念——国民收入的分析受限,更有不少教材混淆了国民收入和国内生产总值,在未来得及交待两者关系时强行将两者等价并混用。

(一)国内产品

到了宏观经济学,产品不再是微观经济学里由某一生产者生产的某一种产品,而是国内所有生产者生产的产品,叫国内产品。从产业角度来看,包括第一产业和第二产业生产的物质产品,以及第三产业生产的服务产品。考虑时间维度和空间维度,所谓国内产品,是一个国家在一定时期所有生产者所生产的物质和服务产品的综合。这里没有用总和,是因为国民产出强调的是这些物质和服务产品的使用价值属性,而产品的使用价值具有不可加总特征。若要对这些产品进行量的探讨,则需要切入价值维度。

(二)国内生产总值

国内产品的价值就是国内生产总值(Gross Domestic Prouduct,GDP)。在市场经济下,这种价值是由市场来决定的,因此,所谓国内生产总值,就是国内产品的市场价值。具体来讲,就是一个社会在一定时期所有生产者所生产的物质产品和服务产品的价值总和。它由刻画产品使用价值属性的概念——国内产品所承载和决定,刻画的是产品的价值属性。

既然国内生产总值是价值范畴的概念,就是可量化的。任何对象的量化,从可操性和可靠性上来讲,可分为直接量化和间接量化。直接量化是间接量化的基础,优于间接量化。当然,当直接量化无法进行时,才退而求间接量化。国内生产总值的量化也不例外。

直接量化法,也就是生产法。国内生产总值是国内产品的价值,而国内产品是生产者生产出来的,站在生产者的角度直接度量产品的价值,就是直接量化法。随着生产能力的提高,物质产品和服务产品极为丰富,需要量化的产品种类日新月异,使得直接量化法的难度增加,故退而求其次,产生了间接量化法,也就是支出法和收入法。

先看支出法。在市场经济体制的背景下,国内产品都是商品,都需要在交换中实现价值。如果生产法是站在生产者的角度,也就是从卖者的角度来度量产品价值的话,那么支出法则是站在买者的角度来度量其对面的生产者生产出来的产品价值。按照等价交换的原则,买者为了购买国内产品所支出的货币量恰好等于其所购买的国内产品的价值量,因此,就可以用买者所支出的货币量来间接表示其所购买的物质产品和服务产品的价值量,也就是国内生产总值,这就是支出法。

至于支出法涉及的支出有哪些,得看国内产品都卖给了谁,也就是买者有哪些。活跃在宏观经济运动中的经济主体有消费部门的消费主体、生产部门的生产主体、政府部门的政府主体,以及国外部门的消费主体、生产主体和政府主体。这些主体都会对国内产品产生需求,从而形成四大需求,分别是消费部门的消费者的消费需求,生产部门的生产者的投资需求,政府部门的生产者的政府需求,国外部门的消费者、生产者、政府的各自相应需求。

一是消费部门的消费支出,用 C 表示,指的是家庭和非营利机构购买的最终产品和劳务的市场价值。私人消费支出可以分为三部分,即耐用消费品、非耐用消费品和劳务支出。一般把使用时间在一年以上的消费品看成耐用品,如洗衣机、电视机、电脑、汽车等;把使用时间在一年以内的看成非耐用品,如日常生活用的食物、衣服等;劳务支出包括医疗、交通、旅游、理发等支出。居民购买新建住宅并不包括在消费开支中,而是列入固定投资项下的住房投资中。因为住宅能长期供人居住,比一般耐用消费品的使用寿命更长,所以可以看成是投资的一部分。

二是生产部门的投资需求,用 I 表示,指的是生产者增加或更换资本资产(包括厂房、住宅、机械设备、存货等)的支出,分为固定投资和存货投资。固定投资是指非居民购买的新生产的建筑和耐用生产设备的市场价值总额加上居民购买的新建造的住房的市场价值。存货投资是指企业持有的存货价值的变动,其内容包括企业使用的原材料、燃料、零部件、在产品、半成品,以及尚未销售出去的库存制成品等价值的变动。

三是政府部门的购买性支出,用 G 表示,指的是各级政府部门对产品和劳务的购买支出,包括政府在军事设施和物资方面的支出及政府雇员的薪金支出,如政府设立法院、修筑道路、兴办学校、提供国防设施、雇请公务人员的支出等。值得注意的是,计入国内生产总值的政府购买只占政府支出的一部分,另一部分没有计入国内生产总值的政府支出通称为转移支付,包括社会保障支出、失业救济金、退伍军人津贴和公债利息支出等,这些转移支付之所以不计入国内生产总值中,是因为转移支付只是简单地把收入从一些人或组织手里转移到另一些人或组织手里,没有相应的物品或劳务的交换发生,如政府给失业人员发放救济金并不是因为那些人提供了服务或创造了价值。

四是国外部门的支出,用 X 表示,指的是国外的消费者、生产者和政府主体因为对本国所生产的国内产品产生需求而支出的货币量。因为该量正好等于本国的出口量,所以一般用本国的出口量来表示。因此,国内生产总值=消费支出+投资支出+政府购买支出+出口,或者是 $GDP=C+I+G+X$。

这里支出的货币从哪里来的呢?显然是国民收入。间接量化法里的收入法,是建立在国民收入概念基础上的。

(三) 国民收入

上述国内产品在生产过程中,要使用各种各样的生产要素,要素的所有者就有了让渡自有生产要素的机会,从而换回与其要素价值相等的货币,也就是收入。所谓国民收入,就是在生产国内产品的过程中形成的各种各样的收入。从微观经济学已经知道,要素所有者让渡劳动力,换回工资收入;让渡土地的使用权,获得地租;让渡资本的使用权,换回利息;让渡人力资本,换回利润。因此,从收入来源的角度来看,国民收入分为工资、利息、地租和利润。这些不同来源的收入,都表现为货币,而货币的使用价值必须在交换的过程中体现。换句话来讲,货币只有在使用的时候才有使用价值,因此,国民收入只有在使用或支出以后,换回各种各样的物质产品和服务产品以后,才是有意义的。国民收入都有哪些使用或支出呢?首先是向政府部门缴纳的税金,剩余的可以自主支配的部分用于消费,包括国内消费和国外消费,其中国外消费量等于同期的进口额。消费不完的,用于储蓄。因此,从使用的角度来看,国民收入可以分解为消费、储蓄、税收和进口。

这些被使用的国民收入最终去了哪里呢?按照支出法,这些收入被用于购买国内产品,体现国民产品的价值。因此,支出法是度量国内产值的方法,收入法本是度量国民收入的方法,但因为国民收入最终被用于购买国内产品,体现国民产值,那么,我们会看到,在支出法和收入法之间形成了一个流程,该流程沟通了国民产值和国民收入两个量并解释了两者相等。

(四) 国民收入循环流程图

上述国民收入的来源与使用,也即国民收入的来龙去脉,可以用图 2-1 所示的流程图直观表示。

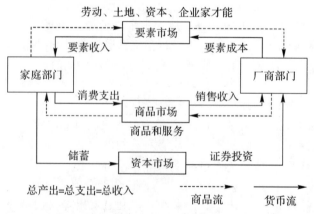

(a) 两部门条件下国民收入循环流程图

图 2-1 国民收入循环流程图

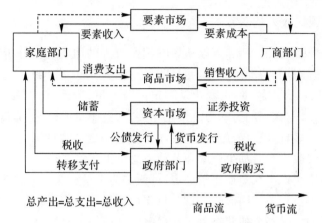

(b)三部门条件下国民收入循环流程图

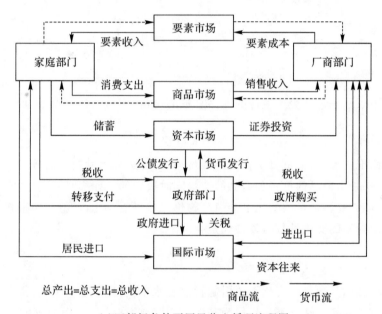

(c)四部门条件下国民收入循环流程图

续图2-1 国民收入循环流程图

二、失业率

(一)失业率的定义

有劳动能力的人口称为劳动力,没有工作但正在积极寻找工作的劳动力称为失业人口或失业量,失业人口在劳动力总人口中的占比称为失业率,用公式表示为

$$\mu = \frac{失业量}{劳动力总量} \times 100\%$$

式中,μ 表示失业率。

(二)失业率与国民收入的关系

关于失业率与国民收入的关系,可以从影响国民收入的因素切入分析。一个国家的国民收入决定于该国的就业量和劳动生产率,并与两者正相关。也就是说,在劳动生产率一定的条件下,就业量越多,国民收入越多;在就业量一定的条件下,劳动生产率越高,国民收入越多。一个国家就业量的多寡与该国的劳动力总量正相关,与失业率负相关。因此,在失业率一定的条件下,劳动力总量越多,国民收入越多;在劳动力总量一定的条件下,失业率越高,国民收入越少。综上可知,国民收入与劳动生产率和劳动力总量正相关,与失业率负相关。相较于失业率,劳动力总量与劳动生产率在短期比较稳定,可假定为常量。这样,短期中,国民收入就取决于失业率,并与失业率负相关。因此,在短期,只要说明了失业率和国民收入两个变量中其中一个的状态,也就说明了另一个的状态。当获得解释其中一个变量变化的因素时,也就等于获得了解释另一个变量变化的因素。

三、物价总水平

(一)定义

物价总水平表示一个社会所生产的商品总量的价格之和,用公式表示为

$$P_s = \sum_{i=1}^{n} p_i q_i$$

式中,P_s 表示物价总水平,p_i 是第 i 种商品的价格,q_i 表示第 i 种商品的数量。从该公式可以看出,物价总水平是由商品的价格和商品的数量同时决定的。如果时间发生变化,商品的价格没有发生变化,那么商品数量的变化也会引起物价总水平的变化,这就会使得物价总水平的变化并不只是反映价格的变化,因此,该公式是有缺陷的。

(二)公式调整

是否有办法让商品数量的变化不要引起物价总水平的变化,让物价总水平的变化只反映价格的变化呢?可以考虑选择某一年作为基期,以基期的商品数量作为权数来计算物价总水平,就能化解上述问题。用 q_i^0 表示基期的商品数量,物价总水平的公式就被调整为

$$P_s = \sum_{i=1}^{n} p_i q_i^0$$

该公式能够准确地度量物价总水平。使用该公式,则第 t 期的物价总水平就被表示为

$$P_s^t = \sum_{i=1}^{n} p_i^t q_i^0$$

(三)物价指数

第 t 期的物价总水平与第 0 期的物价总水平之比叫作物价指数,用公式表示为

$$I_t = \frac{P_s^t}{P_s^0} \times 100\%$$

式中,I_t 表示物价指数。

第二节 你幸福吗

一、幸福不是感觉

作为一个世界通用的经济统计方式，上节所介绍的GDP对衡量一个国家或地区的经济发展有着极其重要的作用。萨纽尔森把GDP这个指标称为"20世纪最伟大的发明"。他在《经济学》一书中说："如同整个大陆的天气可以通过系统探知一样，经济发展的全貌也可以通过GDP来反映。"GDP是国民经济账户体系(The System of National Accounts, SNA)中的一个重要的综合性指标，也是我国新国民经济核算体系中的核心指标，对于明确国内外的核算界限以及各种交易量的范围都有极其重要的意义。马克思、恩格斯曾经指出："我们首先应当确定一切人类生存的第一个前提，也就是一切历史的第一个前提，这个前提是人们为了能够创造历史，必须能够生活，但是为了生活，首先就需要吃喝住穿以及其他一切东西。因此，第一个历史活动就是满足这些需要的资料，即物质活动本身，人们为了能够生活，就必须每日每时去完成它。"

第二次世界大战后，发展中国家首先要解决的问题是如何尽快恢复和发展生产力，以保证人们物质生活水平的提高，综合国力的增强。以此为背景，在我国，以毛泽东同志为核心的党的第一代领导集体，领导全党和全国人民建立了社会主义制度，进行了大规模的社会主义建设，取得了重要成就。以邓小平同志为核心的党的第二代领导集体，提出了"发展才是硬道理""先富、后富和共富"，把解放和发展生产力、增强我国的综合国力、提高人民的生活水平作为我国经济发展战略的首要目标，把"经济中心、效率优先"作为我国经济发展战略的基本选择。

客观来看，这一战略选择取得了巨大的历史功绩，自1978年改革开放以来，我国经济连年高速增长，综合国力实现了由弱到强的巨大转变。从1979年到2008年，我国GDP实际增长率为9.8%，明显高于改革开放前25年的6.1%的平均增长率，也明显高于同期世界经济年均3.0%的增长速度。同中国一样，第二次世界大战后，其他发展中国家都无一例外地将尽快恢复和发展生产力作为首要面对和解决的问题，都在不谋而合地发展经济，甚至联合国第一个发展十年规划(1960—1970)还提出了发展中国家GDP每年增长率应达到5%的目标。在这样的背景下，"经济中心，效率优先"成为发展中国家的战略选择，加之单纯地追求GDP增长的发展理念确实给各个国家的经济注入了活力，增强了这些国家的综合国力，GDP崇拜就此形成。人们对幸福的认知是幸福，不是感觉，是物质，是工具和工具价值。

不可否认，这样的经济增长带来的是我国经济实力的大幅度提升和综合国力的明显增强，不仅为我国全面建设小康社会、加快推进社会主义现代化建设奠定了坚实的物质基础，而且提升了我国的国际地位和国际影响。可是，冷静下来就会发现，GDP的快速增长虽然给我们带来了物质上的富足，也引发了一系列社会问题。

二、幸福必须有感觉

一个人生活的目的是追求幸福感，恩格斯在1847年给共产主义同盟的一封信中说："在每一个人的意识或感觉中都存在着这样的原理，它们是颠扑不破的原则，是整个历史发展的结果，是无需加以证明的，例如，每个人都追求幸福。"然而在追求幸福的路上，人们的行为却出现了偏差。在追求GDP的过程中,人们忘记了自己才是发展的目的,GDP不过是实现目的的手段。对物质的无限追求,使人们忽视了自身的精神发展,使人们的生活缺少了价值理性的指导。人们逐渐意识到GDP并不能真正地衡量幸福,除物质之外,还必须有感觉,有精神诉求。国民幸福指数(Gross National Happiness,GNH)随之应运而生。作为一种新的发展伦理,GNH把人从发展的工具地位转移并提升到社会发展的目的上来,形成了以"幸福指数"为核心的人文关怀的发展观。GNH认为经济社会发展的终极目标是快乐、幸福的生活,GDP属于工具,是服务于人的发展和人的幸福生活的。对于一个致力于以人的幸福生活为宗旨的社会而言,必须将人自身的幸福程度而不仅仅是GDP的增长作为衡量一个社会发展成就的终极标准。

三、幸福的感觉

幸福必须有感觉,有精神诉求,因此,我们要抵制GDP崇拜,但抵制GDP崇拜不等于彻底放弃GDP。GDP是衡量一个国家社会经济发展的最重要的指标,也是反映一个国家富裕程度的指标,是解决民生问题的基础,是就业的基础,是公共服务的基础,是治理环境、保护生态、发展绿色经济的基础。真正幸福的感觉应该是在扎实的物质基础上,憧憬和实现人类的精神诉求,是物质和精神的双重幸福。我们既不能盲目追求GDP的数值,也不能因噎废食,放弃高GDP所带来的丰厚的物质基础。辩证地看待物质和精神的关系,适情适度地关注GDP,才是幸福的感觉。

◎ 课程思政教学案例

从 GDP 崇拜到 GNH 关怀

❖ 教学目的

以课程内容——GDP及其核算为载体,以问题驱动的形式在师生、生生问答中引导学生对GDP指标进行申辩,帮助学生进行GDP和GNH两个指标比较,培养学生批判式思维能力;以GNH中的人性关怀为契机,引导学生学习习近平"人的全面发展"思想,培养其政治自信、树立正确的人生定位。

❖ 教学过程

片段一

师:同学们,上一节课,我们认识了衡量一个国家经济增长的指标——GDP,比较了该指标的三种核算方法。下面我给大家展示一张图片。

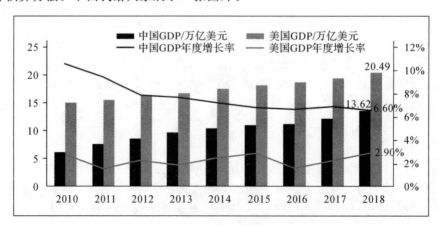

第二章 国民收入及其核算——让幸福来敲门

图片推出,同学们很激动,表情很丰富!

师:大家此刻的内心和我一样,是澎湃的。能说说原因吗?

生1:我觉得书上的东西离我们更近了!

生2:我看到了中国经济增长的力量。

生3:我看到了中国正在成为世界强国!

……

师:大家说得特别好。你们的答案揭示了两个哲学问题。学生1说的是理论和实践的关系问题。图片上的内容是我们以GDP核算理论为指导,对中国2010—2018年的GDP进行核算的结果,这是理论在实践中的具体应用,彰显了理论必须还原到实践中去指导实践的魅力。其他学生的答案是在表达图表中数据所传递的信息。那么,问题来了,被这样的GDP包围,大家觉得幸福吗?

教室里开始议论纷纷。有的觉得自己是幸福的,因为刚刚买到了自己期待许久的包,有的说不幸福,因为病毒肆虐等。我看到对立的观点在碰撞,看到有的学生敢于说出和别人的不一样,似乎感觉到他们身上潜在的思辨能力。水到渠成,就势引导。

师:这么可观的经济增长数据,为什么依然有人觉得不幸福呢?

同学们开始转入思考,偶尔有翻书和笔记本的声音。但迟迟没有人说点什么。这一幕虽始料未及,但让我警觉到,同学们的批判思维意识不够,能力欠缺,尚待引导。

师:提示一下,大家可以回顾一下GDP的定义。

过了一会儿,终于有一名学生站起来。我及时给予了鼓励和表扬。

生:我似乎明白了。GDP是大蛋糕,并不显示分配结果是否公平、合理。

生:GDP强调的是物质内容,但一个人不能只有物质欲望,还应有精神需求,这才是一个完整的人。

……

师:大家可以把自己的心声写在黑板上。

一个、两个……很多学生走上讲台。

显然,同学们已经对该指标进行了思考,展露了批判式思维的苗头。批判是一个破的过程,破的目的是立,介绍GNH指标的时机成熟。

片段二

师:大家说得特别棒!正如大家所看到的,单纯的GDP增长并不等价于民生福祉的提升。GDP只关注经济如何增长得更快和财富如何积累得更多,但忽略了经济为什么增长和什么才是好的经济增长。下面给大家介绍一个反映幸福程度的指标,叫国民幸福指数,英文全称为Gross National Happiness,缩写为GNH。与GDP比较,GNH更能表达经济增长的最终目的——为了民生福祉和人的全面发展,更符合经济的人文价值特征。谈到"人的全面发展",与GNH有同样诉求的还有习总书记人的全面发展思想。我们来一起学习!

结合图片、视频等PPT内容,带着学生从"一切为了人的发展""为了一切人的发展"和"为了人的全面发展"三个层次学习习总书记人的全面发展思想。

……

下课前,为了帮助学生进一步打开思路,深入理解GDP和GNH两个指标,留了延伸问题作为课后思考:作为教育的客体,大家是否想过,什么才是有效教学,是GDP崇拜还是GNH

关照？为什么？

❖ **教学反思**

本节课以问题驱动方式帮助学生对所学概念进行辨析，惊喜地发现有一小部分学生具有批判式思维的潜能，便顺势进行激发，为学生创新意识和创新能力的培养打好基础。

本节课既有文本知识的传授，又有价值引领，同时还兼具思维能力培养，以"人的全面发展"为纽带，巧妙结合。

在进行 GDP 和 GNH 两个指标对接的过程中，学生批判思维意识的欠缺，使课堂一时陷入僵局，这一点始料不及。后经及时提示，调整了节奏，这也说明课堂是一个实时的过程。对老师来说，灵活应对课堂上的每一个变数至关重要。

因为是大班上课，其中有近三分之一的学生是体育特长生和留学生，启而不发、问而不答的现象时有存在，所以如何针对这一部分学生因材施教，也是后续课堂需要认真考虑的一个问题。

第三章 国民收入决定的 AE 模型分析
——均衡和弦(1)

✱ **教学内容**

上一章学习了国民收入如何核算,本章论述国民收入如何决定,以及在决定基础上的国民收入变化问题。本章所依托的市场为产品市场,涉及的部门有生产部门、消费部门和政府部门,使用的分析方法为 AE 分析法。

✱ **教学目的**

> **思政引领**:以"钱多多"和"月光光"为例,培养学生辩证地对待储蓄和消费的关系,树立理性消费、合理储蓄等正确的消费观;首次感受宏观经济学中的均衡美。
>
> **知识传授**:掌握消费和储蓄的立体存在;掌握两部门、三部门条件下国民收入决定结果及乘数理论;了解各种消费函数;了解"节俭悖论";了解政府与政策的关系。
>
> **思维培养**:具有初步把经济关系翻译为数学语言的能力;把乘数理论内容迁移至我国,逐步培养理论和实践的对接能力。

从这一章起连续三章,将围绕国民收入这一概念进行系统性分析。这三章的共性是都以国民收入为研究对象,围绕该对象处理和解决两个维度的问题:一个是国民收入的决定;另一个则是决定基础上的变化问题的分析。简单来说,就是一个中心——国民收入,两个基本点——国民收入的决定与变化问题。不同的是,这三章将国民收入按照由简及繁的顺序放置在不同的市场背景或底色下,也就有了与这些不同背景相适应的难易程度不同的数学分析工具。抓住这些,对这三章内容的融通是大有裨益的。

与同样以国民收入为研究对象的其他两章比较,本章对国民收入的研究是"简单"的。这里的简单,指的是本章研究所使用的数学模型是以如下假设为基础的,进入研究范围的变量是最少的,经济关系是最简单的,当然,研究结论也注定是最简单和粗糙的。

一、本章假设

科学理论的生成是一个通过抽象不断进行升级的过程。在这个过程中,一些具体的、影响研究视角的、被研究者放弃的因素被暂时弱化或屏蔽,它们被假设为对研究对象没有影响,从而保证研究过程和结论的简洁、明了。

为了确保本章关于国民收入的研究是简单的,提出以下三个假设。

(一)生产要素未充分利用

这个假设可以说是贯穿整个研究过程的假设。因为每一个章节都涉及国民收入变化的问题,而国民收入的增加一定建立在生产过程中生产要素投入量的增加,为了达成该研究结果,必须让生产要素有余粮,随时增补,以呼应国民收入变化的研究。

(二)物价总水平不变

在接下来的三章中,物价总水平的影响一直被屏蔽。既然选择屏蔽,那态度就是断舍离、不触碰。当物价总水平不变时,一些基于物价变化分裂为名义值和实际值的变量便不用去纠结名义值和实际值的区别,换句话说,在物价总水平假设为不变的章节,不存在变量的名义值和实际值之分。

(三)投资为外生变量

投资为外生变量,首先说明了投资的变量特征,在这一点上,它和同为变量的内生变量没有区别。投资为外生变量,为了简单,在本章内投资本身的变化是不解释的,也就是解释投资变化的原因在本章是被屏蔽的。用数学语言来翻译,就是在本章,不出现投资函数和投资曲线,因为不具备函数产生的要素——自变量。

清楚了以上假设,再来看本章框架。

二、本章框架

首先,本章的研究对象是国民收入,研究问题是国民收入的决定和变化问题,其中国民收入的变化由国民收入的决定来决定,所以本章的焦点应该是国民收入的决定问题;其次,能够决定或求解出的国民收入,必须是处于均衡状态的均衡值,故必须先满足均衡条件;再次,依据宏观经济学骨架图,国民收入要处于均衡状态获得均衡值,则作用于国民收入的总需求与总供给必须方向相反、大小相等。在两部门条件下,相当于构成总需求的消费需求和投资需求的总和要等于总供给,若不相等,则必须且只能调控总需求。在投资为外生变量的假设下,意味着只能调控消费需求。

据以上可知,本章研究的切入点是消费需求,在此基础上,合并外生变量投资需求,形成两部门条件下的总需求去对接总供给,从而满足两者作用的国民收入的均衡状态,达到国民收入均衡值的决定以及决定基础上的变化的研究。

第一节 消费理论

本节研究的对象是消费支出量,研究目的是为两部门条件下总支出的认知做准备。本节的消费是由正面的消费和背面的储蓄构成的立体对象。

一、消费函数及消费曲线

(一)消费函数

消费支出是家庭在消费品购买上的支出。决定个人消费支出的最主要因素是个人收入,因而决定一个国家消费支出的最主要因素就是国民收入。把国民收入对消费支出的影响用函数工具表达出来,就是消费支出函数。用公式表示为

$$C = c(Y)$$

其中,C 表示消费支出,c 表示函数符号,Y 表示国民收入。

上述函数可进一步表达为

$$C = C_a + cY$$

其中,消费支出由两部分构成,第一部分表示为 C_a,是与国民收入变化无关的消费支出,或者说是不随着国民收入的变化而变化的消费支出,称为自发性消费支出。即使国民收入为零,为了满足生存,这部分消费支出也是存在且大于零的,而这一部分消费支出的货币来源只能是以前的储蓄。第二部分是由国民收入引出且导致的消费,称为引致消费 cY。它随着国民收入的变化而变化,且一般情况下,和国民收入同方向变化,即 $0 < c < 1$。

(二)消费曲线

将上述消费支出函数用几何语言表达,即为消费支出曲线,如图 3-1 所示。

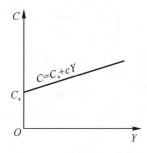

图 3-1　消费支出曲线

(三)平均消费倾向

将上述函数中的因变量消费支出分摊给国民收入,就得到了平均一个单位的国民收入所包含的消费支出量,表示平均每单位国民收入用于消费的部分,叫作平均消费倾向。平均消费倾向表达为

$$\text{APC} = \frac{C}{Y} = \frac{C_a}{Y} + c$$

其中,APC 为平均消费倾向。因为 C_a 和 c 都是常数,所以 APC 随着国民收入的增加而降低。也就是说,随着国民收入的不断增加,每一单位国民收入中用于消费支出的量变得越来越少。

(四)边际消费倾向

在上述消费支出函数中,随着自变量国民收入的增加,消费支出也增加。国民收入每增加一个单位,用于消费支出的部分,叫作边际消费倾向,可表达为

$$\text{MPC} = \frac{dC}{dY} = c$$

其中,MPC 为边际消费倾向。因为 c 为常数,所以 MPC 为常数。也就是说,在每增加的一单位国民收入中,用于消费支出的部分不随着国民收入的变化而变化。

以上三个量中,c 为常数,平均消费倾向 APC 递减,边际消费倾向 MPC 不变,合起来称为凯恩斯主义的第一心理规律,即消费倾向规律。

二、储蓄函数及储蓄曲线

按照宏观经济学骨架图(见图 3-2)的逻辑,从消费支出的切入到国民收入决定的分析流程中,是没有储蓄变量的。储蓄分析是如何出现的呢？储蓄是消费的镜像。储蓄从来都不是独立出现的,仅仅是消费的背面,是消费的附属。它的出现让消费变得更立体,从而让我们对消费的把握更全面。知道这一点,不但不会干扰宏观经济学骨架图,还可以让我们更轻松地掌握储蓄的知识点。

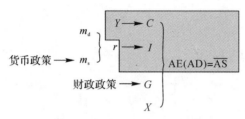

图 3-2　宏观经济学骨架图

既然储蓄从一开始出现就是附属于消费的,那么储蓄的所有问题也将附属于消费,可以和消费一样,从函数、曲线、平均值和边际值四个方面完成对储蓄的认识。

(一)储蓄函数

储蓄是消费者收入不用于消费的余额部分。因为消费是国民收入的函数,所以依附于消费的储蓄也必然是国民收入的函数。将一国储蓄与国民收入之间的函数关系称为储蓄函数,表达为

$$S = S(Y)$$

其中,等号左侧的 S 表示消费支出,等号右侧的 S 表示函数符号,Y 表示国民收入。

在两部门经济体系中,国民收入分解为消费和储蓄,则有

$$S = Y - C = Y - (C_a + cY) = -C_a + (1-c)Y$$

如果用 S_a 表示 $-C_a$,用 s 表示 $1-c$,则上述函数可进一步表示为

$$S = S_a + sY$$

其中,储蓄也由两部分组成,第一部分为 S_a,是与国民收入变化无关的储蓄部分,或者说是不随着国民收入变化而变化的储蓄部分,称为自发储蓄。因为 $S_a = -C_a$,所以在国民收入为零时,自发性储蓄为负值(这一部分用于自发消费了)。第二部分为 sY,是随着国民收入变化而变化的储蓄部分,称为引致储蓄,因为 $s=1-c$,所以这一部分储蓄显然是国民收入中没有用于消费的剩余部分。

(二)储蓄曲线

将上述储蓄函数用几何语言表达,即为储蓄曲线,但因为储蓄附属于消费的特征,储蓄函数源于消费函数,所以储蓄曲线也必然受制于消费支出曲线,二者关系如图 3-3 所示。

从图 3-3 可以看出,收入等于 Y_1 时,储蓄为 0,此时收支相等。在点 A 左方,消费大于收入,有负的储蓄,储蓄曲线在横轴下方;在点 A 右方,消费小于收入,有正的储蓄,储蓄曲线在横轴上方。

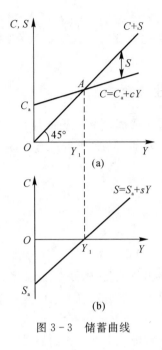

图 3-3 储蓄曲线

(三)平均储蓄倾向

将上述函数中的因变量储蓄量分摊给国民收入,就得到了平均一个单位的国民收入所包含的储蓄量,表示平均每单位国民收入用于储蓄的部分,叫作平均储蓄倾向,则有

$$\text{APS} = \frac{S}{Y} = \frac{S_a}{Y} + s$$

其中,APS 为平均储蓄倾向,因为 S_a 和 s 都是常数,S_a 为负值,所以 APS 随着国民收入的增加而增加。也就是说,随着国民收入的不断增加,每一单位国民收入中用于储蓄的量变得越来越多。

(四)边际储蓄倾向

在上述储蓄函数中,随着自变量国民收入的增加,储蓄量就会增加。国民收入每增加一个单位,用于储蓄的部分,叫作边际储蓄倾向,则有

$$\text{MPS} = \frac{dS}{dY} = s$$

其中,MPS 为边际储蓄倾向。因为 s 为常数,所以 MPS 也为常数。也就是说,在每增加的一单位国民收入中,用于储蓄的部分不随国民收入的变化而变化。

重新回顾一下消费和储蓄合二为一的立体关系:国民收入=消费+储蓄,即

$$C + S = 1$$
$$\text{APC} + \text{APS} = 1$$
$$\text{MPC} + \text{MPS} = 1$$

上述的"1"表示一份国民收入。可以看到,不管是从消费和储蓄的总量,还是从其平均量或边际量,消费的各个值都和储蓄的对应值存在此消彼长的关系,二者以国民收入为躯干,消费在其正面,储蓄在其背面,共同构成了一个丰满的立体消费。

第二节 两部门条件下国民收入的决定——AE分析

一、两部门条件下的总支出函数

参照宏观经济学骨架图，熟悉了两部门条件下的消费需求，接下来，我们将其与作为外生变量处理的投资支出求和，这就是两部门条件下的总支出，用公式表达为

$$AE = C + I$$

将消费函数代入，可得

$$AE = C_a + cY + I$$

进一步整理，得

$$AE = (C_a + I) + cY$$

这就是总支出函数，反映总支出与国民收入之间的关系。由该式可以看出，虽然总支出和总需求都是计划购买量，甚至与总供给形成对抗力的应该是总需求，但总支出是国民收入的函数，随着国民收入的变化而变化，而总需求是随着物价总水平的变化而变化的。在研究国民收入的决定与变化的章节，因为做了物价总水平不变的假设，无法探讨总需求的变化，更不能借由其变化的调整来完成国民收入均衡的分析，所以，在物价总水平不变这个假设剔除之前，总需求都将由和其只存在量的对等性的总支出来代替，也就避免了在物价总水平变化前后出现两个总需求函数的前后矛盾。

将上述总支出函数几何化，就得到总支出曲线，如图3-4所示。

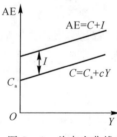

图3-4 总支出曲线

二、两部门条件下的国民收入的决定

国民收入是一个变量，要达到其值的决定或者说求解，必须先让其处于相对不变，也就是相对稳定的状态，而这个状态就是均衡状态。因此，但凡国民收入的决定，必是均衡值的决定，而要完成均衡值的求解，必须先让其满足均衡条件。

(一)均衡条件

从宏观经济学骨架图可以看出，总供给和总需求是作用于国民收入的两个方向相反的力量，若能继续保证这两个力的大小相等，则国民收入处于均衡状态。因此，总供给等于总需求是国民收入达到均衡状态的最一般的条件，而这个条件在具体章节有诸多具体的表现形式。

首先，在物价总水平不变的假设下，总需求调整为总支出，该一般条件具体化为总支出＝总供给。其次，参考宏观经济学骨架图，总支出的构成会随着部门的变化而发生变化，由此也决定了均衡条件的表达形式在不同的部门背景下也会不同。

总结以上可知，物价总水平不变，只考虑消费者和生产者两个部门，总需求等于总供给这一均衡条件的一般形态可表示为

$$AS = AD = AE = C + I$$

如果上式中的总供给用国内生产总值来表示，前面已知，计划国内生产总值等于国民收入，那么上述均衡条件可表示为

$$Y = AE = C + I$$

两部门条件下，如果国民收入分解为 $C+S$，那么 $C+S=Y=C+I$，因此，均衡条件可以衍生为

$$I = S$$

总结如下：在两部门条件下，当物价总水平不变时，国民收入均衡条件的一般形态 $AS=AD$ 调整为 $Y=C+I$ 或 $I=S$。

(二) 均衡国民收入的决定

所谓均衡国民收入的决定，数学语义下，就是对处于均衡状态的国民收入的求解，可以用代数或几何法来分析。

1. 代数分析

用代数法来对某变量求解，务必构造一个关于该变量的方程或方程组，也就是经济模型。这个方程组或模型必须包括均衡条件，包括方便对均衡条件中所涉及内生变量随时进行调整的行为方程式。国民收入均衡模型如下：

$$\begin{cases} Y = AE \\ AE = C + I = C_a + cY + I \end{cases}$$

或者

$$\begin{cases} I = S \\ S = S_a + sY \end{cases}$$

在上述模型中，$Y=AE$ 和 $I=S$ 是保证国民收入处于均衡状态的条件，$AE=C+I=C_a+cY+I$ 和 $S=S_a+sY$ 是行为方程式。当均衡条件不成立时，可以通过消费行为和储蓄行为的调整随时保证均衡条件的等式出现，以达到对国民收入均衡值的求解。因为投资做了外生变量处理，解释投资行为的因素被屏蔽了，所以不能够通过调节投资量来保证均衡条件。

下面分别使用 $Y=AE$ 和 $I=S$ 两个均衡条件对均衡国民收入决定进行代数分析，则有

$$\begin{cases} Y = AE \\ AE = C + I = C_a + cY + I \end{cases}$$

解得

$$Y_e = \frac{1}{1-c}(C_a + I)$$

或者

$$\begin{cases} I = S \\ S = S_a + sY \end{cases}$$

解得

$$Y_e = \frac{1}{s}(I - S_a)$$

可见,如果已知消费函数和投资量,就可以得到均衡的国民收入。

2. 几何分析

经济学分析中,代数分析法和几何分析法几乎是配套出现的,因为代数和几何几乎是配套的数学语言。当然二者各有所长,代数更精准,几何更直观,两者可以互译。因此,对均衡国民收入的决定进行几何分析,也就是对上述的代数分析过程进行几何翻译。

如图 3-5 所示,横坐标表示国民收入,纵坐标表示总支出,45°线表示均衡条件,45°线与 AE 曲线的交点 E 为均衡点,其对应的国民收入 Y_e 为均衡国民收入。

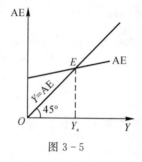

图 3-5

或者如图 3-6 所示,横坐标表示国民收入,纵坐标表示 I 或 S,I 曲线与 S 曲线的交点 E 为均衡点,其对应的国民收入 Y_e 为均衡国民收入。

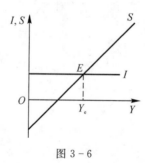

图 3-6

上述两种分析均衡国民收入决定的几何方法在本质上是一样的,如图 3-7 所示。

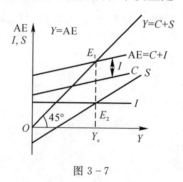

图 3-7

图 3-7 中,均衡条件 $Y=AE$ 和 45°辅助线 $Y=C+S$ 重合。总支出曲线 AE 与均衡条件

$Y = AE$ 的交点 E_1 是均衡点,其对应的国民收入是均衡国民收入 Y_e;由 45°辅助线与消费曲线 C 的距离可以得出储蓄曲线 S,由总支出曲线 AE 与消费曲线 C 的距离可以得出投资曲线 I,储蓄曲线与投资曲线的交点 E_2 是均衡点,其对应的国民收入是均衡国民收入 Y_e。E_1 和 E_2 决定的均衡国民收入是一样的。

三、两部门条件下均衡国民收入的变化

均衡国民收入的变化问题涉及两个知识点:一是解释国民收入变化的原因或动力,二是分析若其变化的动力方向和力度确定,则国民收入会以什么方向或力度做出反应。

(一)国民收入变化的原因

所谓决定机制决定变化机制。想知道在本节的具体约束下,国民收入的变化由哪些因素促成,必须回到上述国民收入决定的结论。

根据

$$Y_e = \frac{1}{1-c}(C_a + I)$$

或

$$Y_e = \frac{1}{s}(I - S_a)$$

可知,解释均衡国民收入变化的因素是边际消费倾向 c、边际储蓄倾向 s、自发性消费 C_a、自发性储蓄 S_a 和外生变量投资 I。

在一些教材中并未分析边际消费倾向和边际储蓄倾向的具体变化所引起的国民收入的变化,从而中断了和前述内容的逻辑,可能的原因也许如下:在对函数工具进行普及的时候已经谈到,研究国民收入的变化,从而探究其变化的原因,其目的在于最终掌控国民收入的变化。如此,就可以通过掌控边际消费倾向 c、边际储蓄倾向 s、自发性消费 C_a、自发性储蓄 S_a 和外生变量投资 I 从而最终掌握国民收入的变化,但在这几个变量中,边际消费倾向和边际储蓄倾向是复合变量,对其的掌控难度显然大于其他几个变量。

(二)国民收入变化(乘数理论)的代数分析

既然上述因素的变化可以解释国民收入的变化,那么当它们变化的方向和力度确定时,由它们所引起的国民收入的变化是什么方向和力度呢? 只需要对上述国民收入的决定的结论求一阶偏导,可得

$$Y_e = \frac{1}{1-c}(C_a + I)$$

或

$$Y_e = \frac{1}{s}(I - S_a)$$

在上式中,求均衡国民收入对边际消费倾向的一阶偏导,可得

$$\frac{\partial Y}{\partial c} = \frac{C_a + I}{(1-c)^2}$$

因为 C_a 和 I 是自发性变量且为正数，$0<c<1$，所以

$$\frac{\partial Y}{\partial c}>0$$

这表明，在国民收入未达到充分就业时，国民收入随着边际消费倾向的增加而增加，随着边际消费倾向的减少而减少。

求均衡国民收入对自发性消费支出 C_a 的一阶偏导，得

$$\frac{\partial Y}{\partial C_a}=\frac{1}{1-c}$$

因为 $0<c<1$，所以

$$\frac{\partial Y}{\partial C_a}>0$$

这表明，国民收入随着自发性消费支出的增加而增加，随着自发性消费支出的减少而减少，而且，当自发性消费支出变化一个单位时，所引起的国民收入变化是自发性消费支出变化的自乘或倍数变化。

求均衡国民收入对自发性投资支出 I 的一阶偏导，得

$$\frac{\partial Y}{\partial I}=\frac{1}{1-c}$$

因为 $0<c<1$，所以

$$\frac{\partial Y}{\partial I}>0$$

这表明，国民收入随着自发性投资支出的增加而增加，随着自发性投资支出的减少而减少，而且，当自发性投资支出变化一个单位时，所引起的国民收入变化是自发性投资支出变化的自乘或倍数变化。

求均衡国民收入对边际储蓄倾向的一阶偏导，可得

$$\frac{\partial Y}{\partial s}=\frac{1}{s^2}(S_a-I)$$

因为 C_a 和 I 是自发性变量，且为正数，$S_a<0$，所以

$$\frac{\partial Y}{\partial s}<0$$

这表明，在国民收入未达到充分就业时，国民收入随着边际储蓄倾向的增加而减少，随着边际储蓄倾向的减少而增加。

求均衡国民收入对自发性储蓄 S_a 的一阶偏导，得

$$\frac{\partial Y}{\partial S_a}=-\frac{1}{1-c}$$

因为 $0<c<1$，所以

$$\frac{\partial Y}{\partial S_a}<0$$

这表明，国民收入随着自发性储蓄的增加而减少，随着自发性储蓄的减少而增加，而且，当自发性储蓄变化一个单位时，所引起的国民收入变化是自发性储蓄变化的自乘或倍数变化。

将一个自变量变化一个单位所引起的国民收入变化量称为乘数，表示国民收入变化对引

起其变化的自变量变化的倍数反应。

(三)国民收入变化(乘数理论)的几何分析

国民收入变化的代数分析过程也可以用几何方法进行。

1.边际消费倾向乘数

如图 3-8 所示,计划总支出 AE_1 中的边际消费倾向是 c_1,由此决定的均衡国民收入为 Y_1,当边际消费倾向提高至 c_2 时,总支出曲线的斜率变大,计划总支出曲线变为 AE_2,由此决定的均衡国民收入为 Y_2。由此可见,边际消费倾向的增加会使得国民收入增加,反之则减少。

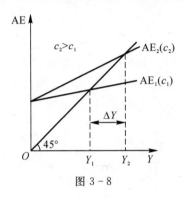

图 3-8

2.自发性消费支出乘数

如图 3-9 所示,计划总支出 AE_1 中的自发性消费支出是 C_{a1},由此决定的均衡国民收入为 Y_1,当自发性支出提高至 C_{a2} 时,总支出曲线的截距变大,计划总支出曲线变为 AE_2,由此决定的均衡国民收入为 Y_2。由此可见,自发性消费支出的增加会使得国民收入增加,反之则减少。

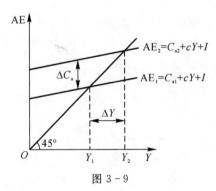

图 3-9

3.投资支出乘数

如图 3-10 所示,计划总支出 AE_1 中的投资支出是 I_1,由此决定的均衡国民收入为 Y_1,当投资支出提高至 I_2 时,总支出曲线的截距变大,计划总支出曲线变为 AE_2,由此决定的均衡国民收入为 Y_2。由此可见,投资支出的增加会使得国民收入增加,反之则减少。

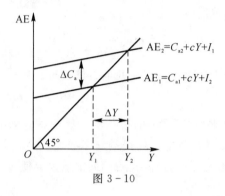

图 3-10

4. 边际储蓄倾向乘数

如图 3-11 所示,当边际储蓄倾向是 s_1 时,储蓄曲线为 S_1,由此决定的均衡国民收入为 Y_1;当边际储蓄倾向提高到 s_2 时,储蓄曲线调整为 S_2,由此决定的均衡国民收入为 Y_2。由此可见,当边际储蓄倾向提高时,国民收入减少,反之则增加。

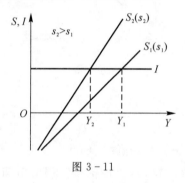

图 3-11

5. 自发性储蓄乘数

如图 3-12 所示,当自发性储蓄为 S_{a1} 时,储蓄曲线为 S_1,由此决定的均衡国民收入为 Y_1;当自发性储蓄提高到 S_{a2} 时,储蓄曲线调整为 S_2,由此决定的均衡国民收入为 Y_2。由此可见,当自发性储蓄提高时,国民收入减少,反之则增加。

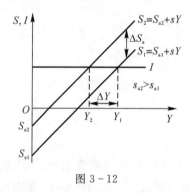

图 3-12

(四)国民收入乘数变化的原因

通过以上的分析可知,以国民收入决定的结果为切入点,可以具体分析一些影响国民收入的经济变量的变化所引起的国民收入的自乘或倍数的变化,那么这些乘数产生的经济过程和原因是什么呢？下面以投资乘数的产生为例做进一步说明。投资支出增量引起的一系列国民收入的增加过程,如图 3-13 所示。

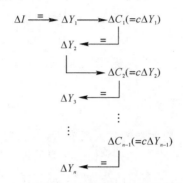

图 3-13 投资支出增量引起的国民收入增加

图 3-13 中,假定投资支出增加量为 ΔI,这一投资支出量的增加会促成等量的投资品所有者收入的增加 ΔY_1,这是第一轮的国民收入增加；根据消费函数,国民收入的增加可以引起消费需求的增加,如果边际消费倾向为 c,那么消费增加量为 ΔC_1,且 $\Delta C_1 = \Delta c Y_1$,按照消费乘数,消费支出的增加会继续引起国民收入的倍数增加,具体量为 ΔY_2,这是第二轮的国民收入增加……在生产要素未充分利用的条件下,这一经济连锁反应过程会持续进行。由此可见,只要生产要素未充分利用这一条件成立,投资支出的增加就会引起一个无穷序列的国民收入的增加。

用 ΔY 表示国民收入增加的总量,则有

$$\Delta Y = \sum_{i=1}^{n} \Delta Y_i = \Delta Y_1 + \Delta Y_2 + \Delta Y_3 + \cdots + \Delta Y_n$$
$$= \Delta Y_1 + \Delta C_1 + \Delta C_2 + \cdots + \Delta C_{n-1}$$
$$= \Delta Y_1 + c \Delta Y_1 + c^2 \Delta Y_1 + \cdots + c^{n-1} \Delta Y_1$$
$$= \Delta Y_1 (1 + c + c^2 + \cdots + c^{n-1})$$

当 $n \to \infty$ 时,有

$$1 + c + c^2 + \cdots + c^{n-1} = \frac{1}{1-c}$$

则

$$\Delta Y = \Delta Y_1 \frac{1}{1-c}$$

因为

$$\Delta Y_1 = \Delta I$$

所以

$$\Delta Y = \frac{1}{1-c} \Delta I$$

$$\frac{\Delta Y}{\Delta I} = \frac{1}{1-c}$$

因为
$$0 < c < 1$$
所以
$$\frac{\Delta Y}{\Delta I} > 1$$

四、父母式"钱多多"与子女式"月光光"的消费观

(一)"钱多多"与"月光光"现象

这里用"钱多多"意指储蓄意愿太强的收入所有者,以拥有较多的货币为乐趣或倾向。在我国,一般以年龄较大的父母辈居多。月光光,也叫"月光族""负翁"等,意指消费意愿太强,甚至超过了其消费能力的人,以购买更多的商品为嗜好或选择。在我国,一般以年龄较轻的子女辈居多。

(二)现象解读

1."钱多多"现象解读

从宏观角度看,根据储蓄乘数,储蓄每增加一个单位,国民收入会倍数减少。因此,储蓄不利于经济增长。从微观角度讲,储蓄虽然是一种美德,但货币只是手段,不是目的。加之纸币本身没有价值,必须在使用时才有意义。

2."月光光"现象解读

从宏观角度看,根据消费乘数,消费每增加一个单位,国民收入会倍数增加。因此,消费有利于经济增长。从微观角度讲,短期看,消费虽然能满足需求,但如果消费支出超过消费能力的话,就可能以高额举债的方式来满足消费欲望;长期看,过度消费会助长债务危机,还会引起消费者精神压力和心理创伤,降低幸福指数。

(三)正确消费观的养成

(1)拒绝盲目欲求,养成理性消费的习惯。目前很多"月光族""负翁"等的出现,都是在非合理攀比和物欲诉求中养成的盲目消费恶习,是一种非理性的物欲单方面过度膨胀的结果。有这种消费习惯的消费者,要有克制物欲的决心,尽可能规避消费过程中过强的感性冲动而造成的盲目购买。

(2)这些消费者之所以表现为"月光族""负翁",是因为其消费能力不能对抵消费需求。在这个过程中,消费者如果继续放任需求欲望的话,就会以举债的方式化解这种消费中的主客观矛盾,给一些不法商贷分子留下可乘之机,给自己种下苦果。因此,不过度举债,量入为出,是走出"月光族"、拯救"负翁"的一种有效措施。

(3)支撑消费的收入水平有两种获得方式:一是开源,二是节流。为了防止在消费中过度的人不敷出,消费者要以这种文化价值武装和化合自己,接受文化的拯救和洗礼,从而文明消费。

第三节　三部门条件下均衡国民收入的决定与变化

三部门条件下的国民收入的决定是在上述两部门的基础上加入第三部门——政府。在宏观调控的市场经济体制背景下，和同为经济主体的消费者和生产者相比，作为经济主体的政府并不直接参与经济运动，政府对经济的影响是通过政策来完成的，政策是政府的喉舌，是政府的表现形式。政府应该表现为什么政策，取决于政府所在的市场背景，需要和具体的市场相吻合。因为本章仅涉及产品市场，而政府在产品市场上的政策表现是财政政策，所以三部门条件下的国民收入的决定，其实就是包含财政政策的国民收入的决定。

本节继续研究均衡国民收入的决定，和第一节相比，图3-2中灰色区域的内容不发生变化，只是总需求的构成发生了变化，以及由此带来的原有消费需求的量的变化，而这些都源于产品市场背景下第三部门的财政政策介入。

本节的切入点是第三部门——政府的财政政策，梳理出第三部门的支出，重新整合三部门条件下的总支出对接总供给，继而得到满足两者作用的国民收入的均衡状态，达到国民收入均衡值的求解。

一、财政政策

一个政策性的话题基本应该涉及政策目标、政策工具、政策理论依据、政策实施以及实施结果。

财政政策的主要目标是充分就业、稳定物价、国际收支平衡及满意的经济增长率。而实现这些目标的财政政策工具包含两套：一是财政支出；二是财政收入，也即税收。

政府支出包括购买性支出及转移支付，如图3-14所示。

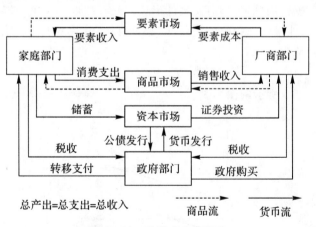

图3-14　政府支出的流动

政府购买性支出是政府在购买物品和服务时的货币支出，属于总支出（总需求）的一部分，这是政府支出货币、交换货物的一个过程，雷同并并列于消费支出、投资支出和国外支出，是有偿和双向的。转移性支出与此不同，是政府单方面无偿的货币支出，如政府的各种救济金、各种补贴等。政府购买性支出和转移支付支出可以用符号分别表示为G和R。

对政府支出进行能量补偿的是政府收入，主要指税收。税收的源头必然是国民收入，但不同的税收和国民收入的关系亲疏不同。按照税收和国民收入的亲疏关系,税收可分为自发性税收和引致性税收。所谓自发性税收,就是和国民收入不直接相关的税收,可以用符号表示为 T_a。假定 $T_a > 0$;与自发性税收不同,引致性税收是可以随着国民收入的变化而直接变化的税收,可以表示为 $T(Y)$,据此,税收函数可写为

$$T = T_a + T(Y)$$

为了简单,假设税收函数为如下的线性函数:

$$T = T_a + tY$$

其中,$0 < t < 1$,表示国民收入变化一单位所引起的税收的变化量,称为边际税收倾向或边际税率 MPT,可表示为

$$\text{MPT} = \frac{dT}{dY} = t$$

这一税收函数也可以用曲线表示,如图 3-15 所示。

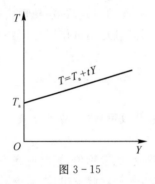

图 3-15

参照国民收入循环流程图,因为政府的转移支付支出并没有购买物品和服务,所以不能直接和政府购买性支出进行加总,参与总支出的形成。站在政府的角度,转移支付支出是一种能量的输出,相当于输入能量——税收的损耗,因此,可以将转移支付支出作为一种负的税收处理,于是,税收函数调整为

$$T = T_a + tY - R$$

该函数可用图 3-16 所示的图形表示。

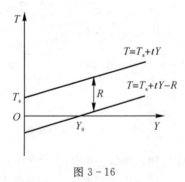

图 3-16

二、三部门条件下的总支出函数

通过以上的分析可以看出,加入政府的国民收入在产品市场上的决定的实质是加入了财

政政策,相当于在原有的两部门经济循环的基础上加入了与财政政策相关的两个新的经济变量——政府购买性支出 G 和政府税收收入 T,其中政府税收收入 T 的一部分是政府转移性支出 R。回到宏观经济骨架图,可以发现,由于政府部门的介入,原有的两部门条件下的总支出有两处发生了变化:第一处变化是总支出的构成,由两部门条件下消费支出和投资支出构成,调整为需要加入政府部门的政府购买性支出,即消费部门的消费支出、生产部门的投资支出和政府部门的政府购买性支出;第二处变化是政府部门的介入使得原有总支出构成里的消费支出量也发生了变化。原有的消费部门的消费支出按照消费支出函数 $C=C_a+cY$,因为受到国民收入的影响,前已述及,在三部门条件下,国民收入按照使用可以分解为消费、储蓄和税收,而税收的强制特征决定了决定消费支出量的国民收入必须是剔除税收的税后可支配收入。

知道了这两点,就可以顺利将两部门条件下的总支出函数调整为三部门条件下的总支出函数,有

$$AE=C+I+G$$

其中,消费支出 C 在两部门条件下为

$$C=C_a+cY$$

调整为

$$C=C_a+c[Y-(T_a+tY-R)]$$

因此,在三部门条件下,总支出函数为

$$AE=C+I+G=C_a+c[Y-(T_a+tY-R)]+I+G$$

同时应该说明的是,因为三部门条件的消费函数和两部门条件下的消费函数相比发生了变化,所以作为消费背面存在的储蓄函数也发生了变化,函数形式为

$$S=S_a+s[Y-(T_a+tY-R)]$$

这个函数的理解可以参考两部门条件下的储蓄函数,由消费函数推及,也可以直接理解为因为政府部门的介入,收入必须先通过强制性完税调整为税后可支配收入,再按照一定的边际储蓄倾向 s 进行储蓄。

三、三部门条件下国民收入的决定

(一)均衡条件

前已述及,国民收入的决定就是均衡国民收入的求解,先得让国民收入满足均衡条件,处于均衡状态。国民收入均衡的一般条件为总需求等于总供给,在物价总水平不变的假设下,用总支出替换总需求,均衡条件调整为总支出等于总供给,即 $Y=AE$。在三部门条件下,总支出 $AE=C+I+G$,均衡条件具体表现为 $Y=AE=C+I+G$。由于在三部门条件下,国民收入按照使用可以分解为消费、储蓄和税收,也即 $Y=C+S+T$,因此,国民收入均衡条件也可以表示为 $I+G=S+T$。

(二)均衡国民收入的决定

1.代数分析

将上述国民收入均衡条件 $Y=AE$、表示总支出行为的行为方程、总支出函数进行联立,构成三部门条件下的国民收入均衡模型为

$$\begin{cases} Y = AE \\ AE = C_a + c[Y - (T_a + tY - R) + I + G] \end{cases}$$

对上式中的国民收入进行求解,可得

$$Y_e = \frac{1}{1-c(1-t)}(C_a - cT_a + cR + I + G)$$

这就是三部门条件下的均衡国民收入值。

使用上述均衡条件 $I + G = S + T$,分析如下:

将均衡条件、表示储蓄行为的行为方程——储蓄函数联立,构造三部门条件下的国民收入均衡模型为

$$\begin{cases} I + G = S + T \\ S = S_a + s[Y - (T_a + tY - R)] \end{cases}$$

其结果依然为

$$Y_e = \frac{1}{1-c(1-t)}(C_a - cT_a + cR + I + G)$$

2. 几何分析

以上分析过程也可以用更直观的几何方法进行,如图 3-17 所示。

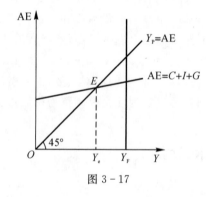

图 3-17

四、三部门条件下均衡国民收入的变化(乘数理论)

与两部门条件下相同,三部门条件下均衡国民收入的变化决定于均衡国民收入决定的结论,即

$$Y_e = \frac{1}{1-c(1-t)}(C_a - cT_a + cR + I + G)$$

与两部门条件下均衡国民收入的决定结论:

$$Y_e = \frac{1}{1-c}(C_a + I)$$

比对可以发现,在三部门条件下,由于政府的财政政策性变量的介入,决定国民收入的因素在两部门的基础上多了3个变量,分别是政府购买性支出 G、政府转移支出 R 及自发性税收 T_a。下面具体分析这些财政政策性变量的变化如何引起国民收入变化。

(一)政府购买性支出变化所引起的国民收入的变化(政府购买性支出乘数)

根据

$$Y_e = \frac{1}{1-c(1-t)}(C_a - cT_a + cR + I + G)$$

求均衡国民收入 Y 对政府购买性支出 G 的一阶偏导,得

$$\frac{\partial Y}{\partial G} = \frac{1}{1-c(1-t)}$$

因为

$$0 < t < 1, 0 < c < 1$$

所以

$$\frac{\partial Y}{\partial G} > 1$$

由此可见,政府购买性支出的增加可使国民收入增加,且国民收入的增加量大于引起其增加的政府购买性支出量;政府购买性支出的减少可使国民收入减少,且国民收入的减少量大于引起其减少的政府购买性支出量。也就是说,政府购买性支出的变化可以引起国民收入的乘数变化,这就是政府购买性支出乘数。

上述乘数的产生过程也可以用几何法分析,如图3-18所示。

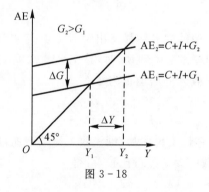

图3-18

图3-18中,总支出 AE_1 中的政府购买性支出为 G_1,其与45°均衡线的交点决定的均衡国民收入为 Y_1;当政府购买性支出增加 ΔG 到 G_2 时,总支出增加到 AE_2,其与45°均衡线的交点决定的均衡国民收入为 Y_2,国民收入的增加量为 ΔY,且

$$\frac{\partial Y}{\partial G} = \frac{1}{1-c(1-t)}$$

可以直观地看出,政府购买性支出增加,国民收入乘数增加,反之,则相反。

(二)政府转移支付变化所引起的国民收入的变化(政府转移支付乘数)

根据

$$Y_e = \frac{1}{1-c(1-t)}(C_a - cT_a + cR + I + G)$$

求均衡国民收入 Y 对政府转移支付支出 R 的一阶偏导,得

$$\frac{\partial Y}{\partial R} = \frac{c}{1-c(1-t)}$$

因为

$$0 < t < 1, 0 < c < 1$$

所以

$$\frac{\partial Y}{\partial R} > 0$$

由此可见，政府转移支付的增加会使国民收入增加，政府转移支付的减少会使国民收入减少，这就是政府转移支付乘数。

上述政府转移支付乘数的产生过程也可以用几何法分析，如图 3-19 所示。

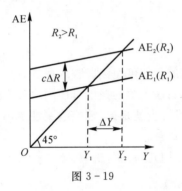

图 3-19

图 3-19 中，总支出 AE_1 中的政府转移支出为 R_1，其与 45°均衡线的交点决定的均衡国民收入为 Y_1；当政府转移支付增加 ΔR 到 R_2 时，总支出增加到 AE_2，其与 45°均衡线的交点决定的均衡国民收入为 Y_2，国民收入的增加量为 ΔY，且

$$\frac{\partial Y}{\partial R} = \frac{c}{1-c(1-t)}$$

可以直观地看出，政府转移性支付增加，国民收入乘数增加；反之，则相反。

对上述两个政府支出乘数的大小进行比较，可得

$$\frac{\partial Y}{\partial G} > \frac{\partial Y}{\partial R}$$

也就是说，政府购买性支出乘数大于政府转移支付乘数。换言之，对政府来说，同样是支出，但用途不同，对国民收入的效应就不同。如何理解呢？

从总支出函数：

$$AE = c(1-t)Y + C_a - cT_a + cR + I + G$$

可以看出，政府转移支付的增加量 ΔR 并没有全部转化为计划总支出，只是其中的一部分 $c\Delta R$ 转化为计划总支出，进而作用于国民收入，形成国民收入的增量。原因是政府转移支付转移至个人后，将成为个人的可支配收入，个人会依据其边际消费倾向值 c，选择将其中的 $c\Delta R$ 转化为消费支出，余下的部分则转化为储蓄。依据前述的储蓄乘数，转化为储蓄的部分不但不会引起国民收入增加，反倒使得国民收入乘数减少。与之不同的是，政府购买性支出的增量 ΔG 却全部追加为计划总支出的增量。因此，政府购买性支出的乘数大于政府转移支出的乘数，也就是政府购买性支出的增加对国民收入的扩张效应大于政府转移支付对国民收入的扩张效应。

(三)自发性税收变化所引起的国民收入的变化(自发税收乘数)

根据

$$Y_e = \frac{1}{1-c(1-t)}(C_a - cT_a + cR + I + G)$$

求均衡国民收入对自发性税收 T_a 的一阶偏导,得

$$\frac{\partial Y}{\partial T_a} = \frac{-c}{1-c(1-t)}$$

因为

$$0 < t < 1, 0 < c < 1$$

所以

$$\frac{\partial Y}{\partial T_a} < 0$$

由此可见,自发性税收的增加会使国民收入减少,自发性税收的减少会使得国民收入增加,这就是自发性税收乘数。

上述自发性税收乘数的产生过程也可以用几何法分析,如图3-20所示。

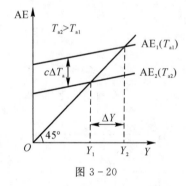

图 3-20

图3-20中,总支出 AE_1 中的政府转移支出为 T_{a1},其与45°均衡线的交点决定的均衡国民收入为 Y_1;当政府转移支付增加 ΔT_a 到 T_{a2} 时,总支出增加到 AE_2,其与45°均衡线的交点决定的均衡国民收入为 Y_2,国民收入的减少量为 ΔY,且

$$\frac{\partial Y}{\partial T_a} = \frac{-c}{1-c(1-t)}$$

可以直观地看出,自发性税收增加,国民收入减少,反之,则相反。

将上述政府自发性税收乘数分别与政府转移支付乘数和政府购买性支出乘数的大小进行比较为

$$\left|\frac{\partial Y}{\partial T_a}\right| = \left|\frac{\partial Y}{\partial R}\right|, \left|\frac{\partial Y}{\partial T_a}\right| < \left|\frac{\partial Y}{\partial G}\right|$$

可以看出,自发性税收乘数的绝对值等于政府转移支付乘数的绝对值,小于政府购买性支出乘数的绝对值。这就是说,减少政府自发性税收对国民收入的扩张效应与增加转移支付对国民收入的扩张效应是相同的,但比增加政府购买性支出对国民收入的扩张效应要小。

(四)边际税率变化所引起的国民收入的变化(边际税率乘数)

根据

$$Y_e = \frac{1}{1-c(1-t)}(C_a - cT_a + cR + I + G)$$

可以看出,边际税率 t 的变化也可以引起国民收入的变化。均衡国民收入对边际税率 t 求一阶偏导,得

$$\frac{\partial Y}{\partial t} = \frac{-c}{[1-c(1-t)]^2}(C_a - cT_a + cR + I + G)$$

因为

$$(C_a - cT_a + cR + I + G) > 0, 0 < c < 1$$

所以

$$\frac{\partial Y}{\partial t} < 0$$

由此可见,边际税率的提高会减少国民收入,边际税率的降低会增加国民收入。

上述分析过程也可以用几何法分析,如图 3-21 所示。

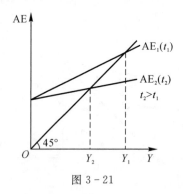

图 3-21

根据前述计划总支出函数,边际税率变大时,计划总支出函数的斜率会减少。图 3-21 中,总支出 AE_1 中所对应的边际税率为 t_1, AE_1 与 45°均衡线的交点决定的均衡国民收入为 Y_1。当边际税率增加 Δt 到 t_2 时,计划总支出曲线调整为 AE_2,其与 45°均衡线的交点决定的均衡国民收入为 Y_2,国民收入的减少量为 ΔY,且

$$\frac{\partial Y}{\partial t} = \frac{-c}{[1-c(1-t)]^2}(C_a - cT_a + cR + I + G)$$

可以直观地看出,边际税率增加,国民收入减少;反之,则相反。

以上分析内容,站在国民收入角度,是国民收入的变化问题,具体到国民收入变化的力度,就是三部门条件下的乘数理论;如果是站在财政政策的角度,其实就是财政政策的理论依据,分别解释了各项财政政策工具是以何种方向以及何种力度促成国民收入的变化的,掌握这一点,对后继财政政策诸多问题的学习是一项重要的培基工作。

本 章 小 结

本章以国民收入及循环流程图为基础,围绕国民收入这一中心点,紧扣两个基本维度问

第三章 国民收入决定的AE模型分析——均衡和弦（1）

题：一个是国民收入的决定，一个是决定基础上的国民收入变化问题。

国民收入的决定问题，就是数学语言下对处于均衡状态下的国民收入的求解，可以用代数方法或几何方法完成；国民收入变化问题的分析，以国民收入决定的结果为依据，在锁定引起国民收入变化因素的基础上，具体分析每一种因素的变化具体是以什么方向和什么力度来影响国民收入的。因为引起国民收入变化的因素所引起的国民收入变化量是自身变化的一个倍数或乘数，所以国民收入变化问题也叫作乘数理论。

国民收入的决定或求解首先需要使国民收入这一变量满足均衡条件、处于均衡状态。国民收入均衡条件的一般表现是总需求等于总供给，而构成总需求的各分需求项数的多寡则决定于部门的多寡，因此，本章内容分部门进行，分别介绍了两部门、三部门条件下的国民收入的决定和变化问题。

本章的国民收入决定和变化问题，是以前述四个假设为前提的，这些假设对研究对象和环境的精简，使得国民收入的研究是简单的，当然，也注定了这样的研究结论是简单、粗糙的，是和实践的距离最远的。因此，本章的标题也可以叫作简单国民收入的决定和变化理论。这里的简单，是源于本章的假设在所有章节中是最多的，导致进入研究视线的因素在所有章节里是最少的，也是最简单的，与部门的多寡无关。

本章对国民收入的决定和变化的研究，涉及的市场只有产品市场，其他市场随同假设已经被屏蔽，因此，也就有了本章的第三个标题——产品市场均衡理论。

◎ 课程思政教学案例

父母式"钱多多"和子女式"月光光"孰是孰非
——谈正确消费观的养成

❖ 教学目的

以课程内容消费函数、消费乘数和储蓄乘数为载体，以讲故事为主要形式，通过对两种极端消费现象的比较，帮助学生用所学理论分析身边故事，培养学生理性的消费观，帮助学生塑造成熟气质。

❖ 教学过程

师：同学们，上堂课我们学习了两部门条件下的国民收入的变化，掌握了消费乘数和储蓄乘数的内涵与机理。今天我们将视线拉回身边，和大家一起讲讲故事。

同学们马上附和："好！"课堂气氛瞬间被调动起来。

师：第一个故事是我一个苦恼的朋友的口述（狡辩），原汁原味，尚有温度。她说："……最初，我只想买一部新上市的苹果手机，勉强能负担得起。后来，想买的东西越来越多，于是，只好开通了信用卡、花呗、借呗，各种网贷，拆东墙补西墙，分期不行就套现。很快，我就入不敷出，抑郁得想跳楼……"我给这个故事取名为"月光光"。

第二个故事的内容来自媒体报道。说的是郑州一位马大爷，每月工资到手后的第一件事，就是留下基本的日常用度，把其余大部分放在自己床下挖的坑里，然后看着坑里的钱越变越多。直至有一天拿出来一看，大部分纸币都腐烂了，一碰就碎。

有这种遭遇的不光是马大爷，还有隔壁牛大爷、遥远的钱大爷……他们和马大爷的区别也许只是没有挖坑放钱，而是把钱放在了枕头里、粮仓里等等。我给这个故事取名为"钱多多"。在你们周围，有类似的故事吗？

讲"真"崇"善"尚"美"：宏观经济学

学生们的情绪高涨，纷纷举手回答。

生：我不是月光光，是月中就光了！

有学生唏嘘，有学生低下了头，有学生欲说还休，当然，也有个别学生仍旧一脸默然……

生：我也不宽裕，买苹果手机还用了花呗。

生：我奶奶就是个有钱不花的人，我们都叫她"女葛朗台"！

……

将故事和知识对接起来的火候已到。

师：哪位同学能试着用我们上节课学的知识解释一下爱消费和爱存钱这两种现象？

学生们有的在思索，有的在书写，有的在翻书或笔记，表情稍显急躁，久久未有答案。这说明他们用所学理论解释身边现象的能力还亟待培养。我决定做一下引导。

师：可以想一想我们上一节课学过的国民收入决定与变化理论。

瞬间，更多的学生开始翻书和查阅笔记，也有小声议论的。显然，他们找到了解决问题的切入点。对回答问题来说，这一点至关重要。虽然没有及时回答出问题，但学到了面对问题时如何找到突破口。塞翁失马焉知非福！

……

生：我想到了消费乘数。根据消费乘数，消费变化会引起国民收入同方向倍数变化，因此，消费支出越大，对 GDP 的贡献就越多。爱消费没毛病。

生：节俭是传统美德呀！

生：根据储蓄乘数，越节俭，越不利于国民收入增加。

……

学生们的踊跃说明他们已经具备了用所学理论分析身边现象的初步能力。（适时总结很重要。）

师：如此看来，消费和储蓄都没有错，关键是看站在哪个立场上。对个人来说，节俭是美德，但不利于宏观经济发展。对国家来说，消费可以带动经济倍数增长，储蓄则相反。

生：我认为"月光光"和"钱多多"都太极端。以我自身为例，消费时很过瘾，但月光以后就得去负债，借同学、借花呗，等到还期逼近，精神压力极大，痛苦不堪回首。

……

显然，学生在剖析自己和周遭的过程中，已经意识到了"月光光"和"钱多多"的消费观念都有问题，帮助其树立正确消费观的时机成熟。

师：因此，过犹不及。正如你们谈到的，父母式"钱多多"和子女式"月光光"都是极端消费观的体现，是非理性的。"钱多多"们把货币的获得看作目的，忘记了货币的手段特征；而"月光光"们，则目光短浅地将自身的快乐和幸福寄托给消费对象，忽略了后期举债风险带来的更大痛苦。因此，谨记传统文化的教诲——开源节流，理性消费，适度储蓄，方能游刃有余。

今天的课就上到这里。理性是成熟的必要气质。祝大家成为一个有气质的人。

❖ 教学反思

本节课以讲故事的形式向学生展示两种极端的消费观，活泼有趣，容易激起学生的兴趣和参与意识。这告诉我们，只有迎合学生的需求，才能和学生打成一片。

一部分学生以自己为例说明问题，说明他们懂得了能够说明问题的例子就是好例子，并不需要舍近求远，讲好自己远比讲清楚别人要简单、有效得多。

当涉及让学生自己寻找和确认解释故事的理论时,课堂一度被动,这表明同学们理论和实践对接的能力需要加固,也在一定程度上说明同学们对理论内容不够熟悉。这些都是以后教学需要注意的。

第四章 国民收入决定的 IS-LM 分析
——均衡和弦(2)

✽ 教学内容

在上一章的收入-支出模型中,我们注意到有一个假设,即假设计划投资是一个不随国民收入水平变化而变化的外生变量。但实际上,投资会随利率及其他因素变动而变动,而利率又决定于货币的供求关系。因此,在这一章里,我们有一个新的任务,将研究的背景从产品市场调整至货币市场,分析货币的供给和需求是如何决定并影响利率、利率的变动又如何影响投资,从而影响国民收入的。

✽ 教学目的

> **思政引领**:感受我国利率市场化改革坚定的步伐和成效,激发学生对经济改革的敬意和使命感,再次感受均衡美。
>
> **知识传授**:了解资本边际效率及曲线,掌握投资函数及曲线,掌握 IS-LM 分析法及分析内容,掌握财政和货币政策的各自短长及配套。
>
> **思维培养**:在掌握上一章内容的基础上,举一反三,培养从不同角度识别同一内容的能力、初步用经济理论分析我国财政和货币政策如何配套使用的能力。

上一章,我们看到构成总支出的每一个分量支出的变化都可以促成国民收入的乘数变化,譬如两部门条件下的消费支出和投资支出、三部门条件下的政府购买支出和转移支付支出等。因为做了投资为外生变量的假设,投资乘数不具备实践的可操作性。本章将放弃投资的外生变量假设,将其调整为内生变量,生成投资函数,使投资变为可调控,并在此基础上进一步调控国民收入。

本章继续固守一个中心、两个基本点的思路,完成均衡国民收入分别在两部门和三部门条件下的决定和变化的分析。不同的是,剔除掉投资为外生变量的假设,使得研究过程以及结论更为复杂一些。依据宏观经济骨架图,本章内容的切入点是投资函数的构筑,也就是把投资由外生变量调整为内生变量,其他逻辑保持不变。

第一节 投资函数

本节的研究对象是投资需求,研究目的是掌控投资需求的变化,研究方法是利用代数法和几何法,找到影响投资需求变化的因素,并通过对该因素的掌控达到掌控投资需求的目的。

一、资本的边际效率及曲线

(一)资本贴现值、市场利率及未来值的关系

我们知道,如果某人现期有一定的货币量,为了保值或增值将此货币存入银行,经过利息

率的发酵,在未来的某时,他就可以得到一个增值的货币量。一般按顺时针,把某人现在的货币量叫作本金,未来增值的货币量叫作未来值。如果按逆时针,假设某人未来某期有一定量的货币,那么贴回到现期,这个货币值是多少呢？这种未来货币化为现期货币的量称为未来货币的贴现值。同时,存在于一个储蓄过程中的贴现值、利息率和未来值之间有什么关系呢？用 r 表示市场利息率,某一货币量在未来各期的未来值分别为 $R_1, R_2, R_3, \cdots, R_n$,那么第一期的未来值 R_1 与其贴回到第 0 期的贴现值 V_1 之间的关系可以表示为

$$V_1(1+r) = R_1$$

那么,

$$V_1 = \frac{R_1}{1+r}$$

其中,V_1 是 R_1 在第 0 期的贴现值。

第二期的未来值 R_2 与其贴回到第 0 期的贴现值 V_2 之间的关系可以表示为

$$V_2(1+r)^2 = R_2$$

那么,

$$V_2 = \frac{R_2}{(1+r)^2}$$

其中,V_2 是 R_2 在第 0 期的贴现值。

……

以此类推,可知第 n 期的未来值与其在第 0 期的贴现值之间的关系可以表示为

$$V_n(1+r)^n = R_n$$

那么,

$$V_n = \frac{R_n}{(1+r)^n}$$

其中,V_n 是 R_n 在第 0 期的贴现值。

将各期未来值的贴现值加总,可以得到该货币未来值的贴现总值为

$$V = V_1 + V_2 + \cdots + V_n$$
$$= \frac{R_1}{1+r} + \frac{R_2}{(1+r)^2} + \cdots + \frac{R_n}{(1+r)^n}$$

为了进一步抽象出 R、V、r 三者之间更简单的关系,假定各期的未来值相等,等于 R,令

$$R = R_1 = R_2 = \cdots = R_n$$

则有

$$V = R\left[\frac{1}{(1+r)} + \left(\frac{1}{1+r}\right)^2 + \cdots + \left(\frac{1}{1+r}\right)^n\right]$$
$$= R\left[1 + \frac{1}{1+r} + \left(\frac{1}{1+r}\right)^2 + \cdots + \left(\frac{1}{1+r}\right)^n - 1\right]$$

当 $n \to \infty$ 时,可得

$$V = R\left[\frac{1}{1-\left(\frac{1}{1+r}\right)} - 1\right]$$

化简后可得 R、V、r 三者之间的关系为

$$V = \frac{R}{r}$$

(二)资本边际效率

1. 资本边际效率的定义

如果上述过程中的贴现值并未用于储蓄而是选择购买资本品,那么在投资周期结束后按照一定的资本收益率也可以获得一个未来值,这一行为中的贴现值按照等价交换的原则等于资本品的购买价格。可以看到,资本收益率的作用就是把一项资本品的未来值转化为与资本贴现值相等的资本品的购买价格。我们把具有该功能的资本收益率叫作资本边际效率。

2. 资本边际效率曲线

如果用 K 表示资本品的购买价格,用 MEC 表示资本的收益率,继续用 R 表示资本品的未来收益,参考上述推导,则有

$$K = \frac{R}{\text{MEC}}$$

变形,可得

$$\text{MEC} = \frac{R}{K}$$

可以看出,随着资本总量 K 的增加,资本的边际效率 MEC 会减少。图 4-1 中,横坐标表示资本量 K,纵坐标表示资本的边际效率 MEC。MEC 向下倾斜表示随着资本量的增加,资本边际效率是递减的。资本边际效率随着资本量的增加而递减的关系可以从两个角度来理解:①在产品市场上,随着资本量的增加,生产会扩张,市场上产品供给增加,随之产品价格会下降,从而资本的收益率会下降;②在要素市场上,随着资本量的增加,要素的需求会增加,随之要素的价格会上升,从而资本的收益率会下降。

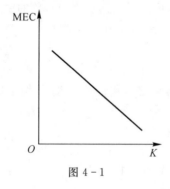

图 4-1

二、投资曲线与投资函数

以资本边际效率曲线为基础理解投资曲线。先看资本边际效率曲线纵轴,也就是看资本边际效率是如何变化的。

用 i 表示资本边际效率,用 r 表示市场利息率。如果一个国家的资本市场上的资本是能够自由流动的,那么按照资本的趋利性,当资本边际效率大于市场利息率,也就是 $i > r$ 时,生

产者会认为增加资本投资的收益大于资本的利息收入,从而会增加资本的投资量。随着资本投资量的增加,资本收益率,也就是资本边际效率会下降,下降到与利息率相等为止。反之,当资本边际效率小于市场利息率,也就是 $i<r$ 时,生产者会认为增加利息收入性资本有利可图,从而减少投资资本。这样就会导致资本收益率,也就是资本边际效率上升,一直上升到与利息率相等为止。我们看到,在资本能够自由流动的条件下,资本边际效率和市场利息率会趋于相等,即 $i=r$。这样,我们就把资本边际效率曲线的纵轴 r 通过"化妆"的方式化为 i。

资本边际效率曲线的横轴——资本需求量 K,它与纵轴的市场利息率 r 形成一一对应的关系,并随着 r 的变化而发生变化。在 r 变化的过程中,当资本需求量 K 由 K_1 变为 K_2 时,变量 $K_2-K_1=\Delta K$ 叫什么呢?净投资。因此,当我们从动态角度把资本边际效率曲线的横轴 K 看成 ΔK 时,资本边际效率曲线的横轴就化为投资量轴了。至此,我们把资本边际效率曲线转化为投资需求曲线,如图 4-2 所示。

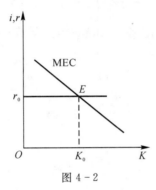

图 4-2

第二节 两部门条件下国民收入的决定与变化

本节的研究对象是国民收入,解决的问题是国民收入的决定及变化,涉及的市场是产品市场,研究方法是代数法和几何法。不同的教材从不同的角度将本节标题定为国民收入的决定、产品市场的均衡和 IS 曲线,各有侧重,并无优劣。本书为了达到内容的高度简约,同时方便读者进行各章内容的类比,提高学习效率,使用"国民收入的决定与变化"这一标题。那么,与上一章的"国民收入的决定"相比,本节是在上一节投资调整为由利息率变化所解释的内生变量的基础上进行的。因此,一个基本逻辑已经生成:利息率→投资→国民收入,这就是本节内容的逻辑内涵。利息率是通过投资影响国民收入的,换句话说,两组直接关系推出一个间接关系。这个问题用代数法分析,就是 IS 模型的推导;用几何方法分析,就是 IS 曲线的推导,并未有本质区别。

一、两部门条件下国民收入的决定与变化的代数分析

先对该问题进行宏观经济学骨架图(见图 3-2)定位:可以看出,与上一章两部门条件下国民收入的决定分析模型相比较,本章的变化只有一点,投资调整为由利息率解释的内生变量,并由此让模型变得复杂和精致。

(一)总支出分析

复制上一章的总支出分析模型为

$$\begin{cases} Y = AE \\ AE = C_a + cY + I \end{cases}$$

将模型中的投资量 I 调整为由利息率解释的内生变量,模型优化为

$$\begin{cases} Y = AE \\ AE = C_a + cY + I \\ I = I_a + I(r) \end{cases}$$

对模型中的均衡国民收入 Y 进行求解,可得

$$Y_e = \frac{1}{1-c}[C_a + I_a + I(r)]$$

可以看出,以投资 I 为介质,利息率 r 和国民收入 Y 存在间接关系,均衡国民收入是利息率的函数。

求均衡国民收入对利息率的一阶偏导,得

$$\frac{\partial Y}{\partial r} = \frac{1}{1-c} \frac{\mathrm{d}r}{\mathrm{d}I}$$

因为

$$\frac{\mathrm{d}r}{\mathrm{d}I} < 0$$

所以

$$\frac{\partial Y}{\partial r} < 0$$

由此可见,均衡国民收入与利息率负相关。

(二)投资-储蓄分析

上述分析结论也可以通过投资-储蓄法得到。

复制上一章投资-储蓄模型为

$$\begin{cases} S = I \\ S = S_a + sY \end{cases}$$

将模型中的投资量 I 调整为由利息率解释的内生变量,模型优化为

$$\begin{cases} S = I \\ S = S_a + sY \\ I = I_a + I(r) \end{cases}$$

对模型中的均衡国民收入 Y 进行求解,可得

$$Y_e = \frac{1}{s}[-S_a + I_a + I(r)]$$

因为

$$s = 1 - c - S_a = C_a$$

所以用总支出法求得的均衡国民收入和用投资-储蓄法求得的均衡国民收入完全相同。这说明，方法是为内容服务的，方法的改变并不会改变研究结论的本质，但可以改变结论的宽度或深度。关于这一点，参见上一章。

根据

$$Y_e = \frac{1}{s}[-S_a + I_a + I(r)]$$

求均衡国民收入对利息率的一阶偏导，得

$$\frac{\partial Y}{\partial r} = \frac{1}{s}\frac{\mathrm{d}r}{\mathrm{d}I}$$

因为

$$\frac{\mathrm{d}r}{\mathrm{d}I} < 0$$

所以

$$\frac{\partial Y}{\partial r} < 0$$

由此可见，均衡国民收入与利息率负相关。

将均衡国民收入与利息率之间的这种负相关关系用几何图形表示，就是 IS 曲线，如图 4-3 所示。

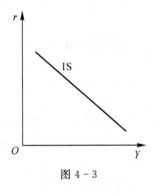

图 4-3

二、两部门条件下国民收入决定的几何分析

以上分析过程可以用几何法更加直观地进行，这就是 IS 曲线的推导。回顾上述投资-储蓄法代数分析，可以看出，均衡国民收入和利息率之间负相关的得出实际上就是将 $I=S$ 所反映的投资和储蓄的关系、$S=S_a+sY$ 所反映的储蓄和国民收入的关系，以及 $I=I_a+I(r)$ 所反映的投资和市场利息率之间的关系进行对接，从而推导出来的。因此，几何分析过程也强调推导特征，读者需先知道是在已知上述三个关系的基础上，推导出均衡国民收入和市场利息率的关系的。

具体地，先将要推导的均衡国民收入 Y 和利息率 r 放置在任意象限中，如图 4-4 的右下象限，其他三个象限各条轴所表示的变量待推。将纵轴 r 左推，得到左下象限的纵轴 r，由此可知，该象限要显示的是已知关系中的 $I=I_a+I(r)$，所以横轴为 I；将横轴 I 上推，得到左上象限的横轴 I，由此可知，该象限要显示的是已知关系中的 $I=S$，所以纵轴为 S；将纵轴 S 右推,得到右上象限的纵轴 S,由此可知,该象限要显示的是已知关系中的 $S = S_a + sY$,所以横轴为 Y。至此,四个象限各条轴所表示的变量已确定,然后绘制三条已知关系的曲线,借以推导右下象限中 r 和 Y 的关系。

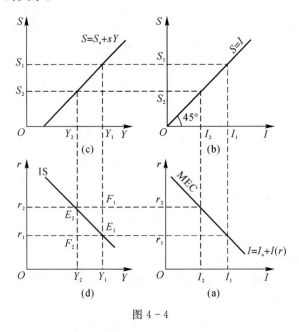

图 4-4

三、两部门条件下 IS 曲线的内涵与位移

(一) IS 曲线的内涵

通过上述分析可以看出,均衡国民收入和利息率之间的负相关出现在产品市场上,满足了两部门条件下产品市场的均衡条件 $I = S$,将这些特点综合起来,就是 IS 曲线的内涵。所谓 IS 曲线,反映的是产品市场上当 $I = S$ 时,国民收入和利息率之间负相关的一条曲线。该曲线打破了经济学中大量曲线用因变量来命名的特征。

(二) IS 曲线的位移

经济学里会涉及很多曲线的移动。关于这一知识点,需要先知道经济学里所有的曲线都是一条数学曲线,因此,所有曲线的移动都属于数学曲线的移动,而在数学里,曲线移动(位移)的原因只能是曲线的截距。在经济学中,熟知每条曲线的截距性变量是掌握曲线位移的要义。

回到 IS 曲线 $Y_e = \frac{1}{1-c}[C_a + I_a + I(r)]$ 或者 $Y_e = \frac{1}{s}[-S_a + I_a + I(r)]$,不难看出,纯粹的截距性变量分别是 C_a、S_a、I_a。因此,两部门条件下 IS 曲线位移的情况按照推动其位移的原因来看只有三种。

(1) 自发性消费 C_a 引起的曲线位移。因为 $\frac{\partial Y}{\partial C_a} = \frac{1}{1-c} > 0$,所以 C_a 增加,IS 曲线向右上方移动;反之,则相反。

(2)自发性投资 I_a 引起的曲线位移。因为 $\frac{\partial Y}{\partial I_a} = \frac{1}{1-c} > 0$，所以 I_a 增加，IS 曲线向右上方移动；反之，则相反。

(3)自发性储蓄 S_a 引起的曲线位移。因为 $\frac{\partial Y}{\partial S_a} = -\frac{1}{s} < 0$，所以 S_a 增加，IS 曲线向左下方移动；反之，则相反。

IS 曲线说明，在产品市场上，利息率通过投资影响国民收入。因此，要完成国民收入的最终决定，需先完成利息率的决定。什么是利息率呢？它从哪里来，要到哪里去？那就需要离开产品市场，进入货币市场进行研究。

第三节 货币市场均衡与利息率的决定

与之前不同，本节内容所依托的背景调整为货币市场，也就是说，与已经接触到的其他变量不同，利息率是来自货币市场的一个变量，通过和产品市场上投资 I 之间的关系而影响国民收入，从而生成 IS 曲线。

什么是利息率呢？

货币市场是货币商品交换的关系统称，因为货币商品的特殊性，准确地说，货币市场所完成的是货币的交换，或者叫货币的借贷，而利息率就是货币市场上货币商品的价格。利息率由货币的需求和货币的供给共同决定。本节将分别探讨利息率的载体——货币，货币的需求、货币的供给，以及利息率的决定。

一、货币及金融资产

(一)货币及其种类

货币是质和量的统一和谐体。从质的角度来讲，马克思将货币定义为商品交换过程中从众多商品中脱颖而出的、固定地充当一般等价物的特殊商品。与普通商品不同，只有货币可以固定地充当一般等价物；与普通商品相同，货币也是商品，也有使用价值和价值。货币是一个历史性概念，有漫长的发展演变史。在这个过程中，货币的形态也在不断递进，先后经历了名实相符的实物货币、名不副实的代用货币、名实脱离的信用货币三个阶段。这是质性的货币种类。如果货币的质性探讨的是"货币是什么"，那么货币的量性探讨"货币有什么"和货币的范围问题。从量性角度划分货币的种类，是指把流通中的货币按照其流动性的大小进行排列，分成层次并用符号表示的一种方法。所谓流动性，是指一种资产具有可以及时变为现实购买力的性质。按照流动性，将货币可划分为以下层次：

(1)M1 货币，指的是通货和活期存款，其中通货包括纸币和铸币。
(2)M2 货币，指的是 M1 货币和银行的定期存款。
(3)M3 货币，指的是 M2 和各种非银行金融机构的存款。
(4)M4 货币，指的是 M3 和金融机构以外的所有短期金融工具。

以上只是一般情况，具体到每个国家都是不完全相同的。譬如在我国，中国人民银行于 1994 年第三季度开始，正式确定并按季度公布货币供应量指标，当时所规定的货币层次的划分具体如下：

(1)M0＝流通中的现金。

(2)M1＝M0＋企业活期存款＋机关、团体、部队存款＋农村存款＋个人持有的信用卡存款。

(3)M2＝M1＋城乡居民储蓄存款＋企业存款中具有定期性质的存款＋信托类存款＋其他存款。

(4)M3＝M2＋金融债券＋商业票据＋大额可转让定期存单等。

其中，M1是通常所说的狭义货币供应量，M2是广义货币供应量，M3是为金融创新而增设的。

(二)其他金融资产

货币也是一种金融资产。除了能作为商品流通媒介的货币之外，金融资产还有很多种类，如债券、股票等。它们虽然不能作为交换媒介，但都有依据利息率得到的利息收入。在资本的流动过程中，通过套利，这些金融资产各自的利息率趋于一致，形成一个统一的市场利息率。

二、货币需求

货币需求指的是整个经济社会对货币的需求量。按照货币需求者对货币产生需求的目的的不同，货币需求可以划分为交易性货币需求、预防性货币需求和投机性货币需求。

(一)交易性货币需求

所谓交易性货币需求，顾名思义，就是为了满足商品的正常交易所需要的货币量，直接决定于所交易的商品数量和价格，也就是决定于国民产值和价格总水平。因为国民产值与国民收入相等，所以交易性货币需求量决定于国民收入量和价格总水平，用公式表示为

$$M_{d1} = k_1(PY)$$

式中，M_{d1} 表示交易性货币需求量，Y 表示国民收入，P 表示物价总水平，$k_1 > 0$，是系数。

该式中的 M_{d1} 受物价总水平的影响，称为名义货币的交易性需求。从 M_{d1} 中剔除掉物价总水平的影响，则有

$$m_{d1} = \frac{M_{d1}}{P} k_1(Y)$$

m_{d1} 被定义为实际交易性货币需求量，仅决定于国民收入的量。k_1 表示交易等量的国内产品所需要的货币数量，大小决定于货币运动速度、国内产品买卖的同步性，以及工业集中程度等。

交易性货币需求量 M_{d1} 和国民收入 Y 的关系也可以用图 4-5 表示。

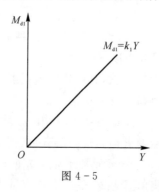

图 4-5

(二)预防性货币需求

所谓预防性货币需求,顾名思义,就是人们为了预防未来由于一些突发或诸如生老病死等不可控事件所造成的收支不确定性所需要的货币量。这种为了预防未来不确定性所需要的货币数量直接取决于人们的收入水平。当人们的收入水平比较高时,人们能够且愿意用于未来不确定性预防的货币量较多;反之,则较少。因此,预防性货币需求量与国民收入正相关,用公式表示为

$$M_{d2} = k_2(PY)$$

式中,M_{d2} 表示预防性货币需求量,Y 表示国民收入,P 表示物价总水平,$k_2 > 0$,是系数。

该式中的 M_{d2} 受物价总水平的影响,称为名义货币的预防性需求。从 M_{d2} 中剔除掉物价总水平的影响,则有

$$m_{d2} = \frac{M_{d2}}{P} k_2(Y)$$

m_{d2} 被定义为实际预防性货币需求量,仅决定于国民收入的量。

预防性货币需求量 M_{d2} 和国民收入 Y 的关系可以用图 4-6 表示。

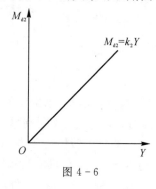

图 4-6

(三)投机性货币需求

所谓投机性货币需求,顾名思义,就是人们用于股票、债券等投机品买卖而产生的货币需求。因此,这种货币需求量直接取决于所购买的投机品数量,而人们所购买的投机品数量与投机品的购买价格有关,以债券为例表示为

$$P = \frac{R}{r}$$

式中,P 表示债券的价格,R 表示债券未来年收益,r 是利息率。

债券价格与其未来收益正相关,与利息率负相关。假定债券的未来收益不变,那么人们就会按照市场利息率对债券价格的反向影响而去投价格的机会所好,从而盈利,这就是债券的投机性买卖。具体地,当利息率提高、债券价格降低时,人们预期未来的利息率会下降,债券价格会提高,按照低买高卖的原则,人们会买入债券;反之,则相反。因为货币和债券都属于金融资产,所以债券买卖,实际上是人们为了渔利而进行的金融资产形式转换活动。买入债券,相当于人们对债券的需求增加,对货币的需求下降,而卖出债券则相反。当利息率上升、债券价格下降时,人们选择买入债券,货币的投机性需求减少,反之,当利息率下降,债券价格上升的,人

们选择卖出债券,货币的投机性需求增加。因此,货币的投机性需求量是利息率的函数,与利息率负相关,用公式表示,则有

$$M_{d3} = Ph(r)$$

式中,M_{d3} 表示名义货币的投机性需求量,h 是函数符号。该式中的 M_{d3} 受物价总水平的影响,称为名义货币的投机性需求。从 M_{d3} 中剔除掉物价总水平的影响,则有

$$m_{d3} = \frac{M_{d3}}{P} = h(r)$$

m_{d3} 被定义为实际投机性货币需求量,与市场利息率负相关。

当上述函数中的自变量利息率的定义域进入特殊区间,实际货币投机性需求量会发生怎样的变化呢?这可以用图4-7直观说明。

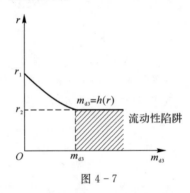

图 4-7

图4-7中,横坐标表示货币的投机性需求量,纵坐标表示利息率,两者之间的负关系表示为曲线 m_{d3}。当利息率很高,趋近无穷大时,人们预期利息率不会再提高,也就是预期债券的价格不会再降低,那么就会选择将所有的货币转换为债券,货币的投机性需求量变为零,曲线与纵轴重合;相反,当利息率很低,趋近于零时,人们预期利息率不会再降低,也就是预期债券的价格不会再提高,那么就会选择将所有的债券转换为货币,货币的投机性需求量变为无穷大,曲线与横轴平行。与之对应的图中阴影部分,称为流动性陷阱或灵活性陷阱。

(四)货币的总需求

决定利息率的货币需求应该是货币的总需求,也就是上述三种货币需求的合力。用 m_d 表示实际货币总需求,则有

$$m_d = m_{d1} + m_{d2} + m_{d3}$$
$$= k_1(Y) + k_2(Y) + h(r)$$

因为 m_{d1} 和 m_{d2} 都决定于国民收入,将其合并,则有

$$m_d = k(Y) + h(r)$$

交易性和预防性货币需求与国民收入正相关,投机性货币需求与利息率负相关,货币总需求函数可表示为

$$m_d = kY - hr \quad (k > 0, h > 0)$$

货币总需求与利息率之间的关系可以用图4-8来表示。

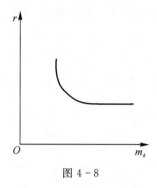

图 4-8

三、货币供给

货币供给是现存的货币总量,是由政府通过中央银行来决定的。在无政府参与的两部门经济中,货币供给是一个外生变量,不随利息率的变化而变化。货币供给量也有名义货币供给量 M_s 和实际值 m_s 之分,两者关系如下:

$$m_s = \frac{M_s}{P}$$

实际货币供给量 m_s 和利息率 r 之间的关系可以用图 4-9 表示。

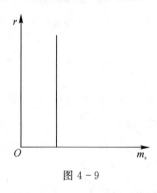

图 4-9

四、利息率的决定及变化

利息率的决定过程就是均衡利息率的形成过程。货币需求和货币供给是作用于货币市场的两个力,当这两个力大小相等、方向相反时,货币市场就会处于均衡状态,随之,货币的价格、均衡利息率形成。

(一)利息率的决定

货币需求函数、货币供给函数和货币市场均衡条件一起构成利息率的决定模型,则有

$$\begin{cases} m_d = m_s \\ m_d = kY - hr \end{cases}$$

解得均衡利息率为

$$r_e = \frac{1}{h}(kY - m_s)$$

上述分析过程可以用几何法直观表示,如图 4-10 所示。

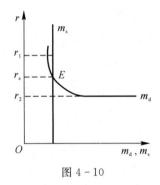

图 4-10

图 4-10 中,在点 E 处,货币需求量 m_d 等于货币供给量 m_s,货币市场达到均衡状态,点 E 对应的利息率 r_e 为均衡利息率。当利息率偏离均衡利息率 r_e 时,会在货币供给和货币需求两个力的调适下达到均衡值。当利息率大于均衡利息率时,即 $r=r_1$,此时货币供给量大于货币需求量,人们手中实际持有的货币量大于其愿意持有的货币量,人们就会选择用多余的货币购买债券,导致债券的价格上升,即利息率下降,直至降到均衡利息率;当利息率小于均衡利息率时,即 $r=r_2$,此时货币供给量小于货币需求量,人们手中实际持有的货币量小于其愿意持有的货币量,人们就会选择出售债券换得货币,导致债券的价格下降,即利息率上升,直至升到均衡利息率;当利息率等于均衡利息率时,货币市场上供求双方力量对等,货币市场处于相对稳定的均衡状态。

(二)利息率的变化

按照决定机制决定变化机制的规律,引起利息率变化的原因决定于决定利息率的因素。均衡利息率由货币供给和货币需求共同决定,货币供给和货币需求的任一变化都会引起均衡利息率的变化,因此,以引起利息率变化的原因来划分,利息率的变化有以下两种情况。

1. 货币供给的变化

在货币需求不变的情况下,货币供给增加,利息率下降;货币供给减少,利息率上升。在流动性陷阱区域,货币供给的变化不会引起均衡利息率的变化。

货币供给变化对均衡利息率的影响如图 4-11 所示。

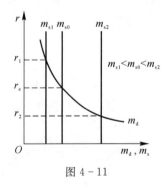

图 4-11

2.货币需求的变化

当货币供给不变时,货币需求的变化也会引起均衡利息率的变化。根据货币需求函数,货币需求受国民收入和利息率影响,因此,由货币需求变化引起的均衡利息率变化又可以分为以下两种情况。

(1)交易性和预防性货币需求变化所引起的货币总需求变化。国民收入变化会引起交易性和预防性货币需求变化,从而引起货币总需求发生变化,在货币供给不变的情况下,均衡利息率会发生变化。

国民收入变化引起的均衡利息率变化可以直观地用图 4-12 来分析。国民收入由 Y_0 增加至 Y_1 时,货币需求曲线会由 m_{d0} 的位置向右上方平移至 m_{d1} 的位置,均衡利息率由 r_e 上升至 r_1;反之,当国民收入由 Y_0 减少至 Y_2 时,货币需求曲线会由 m_{d0} 的位置向左下方平移至 m_{d2} 的位置,均衡利息率由 r_e 下降至 r_2。

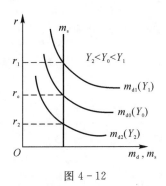

图 4-12

(2)投机性货币需求变化所引起的货币总需求变化。利息率的变化引起投机性货币需求变化,从而引起货币总需求发生变化,在货币供给不变的情况下,均衡利息率会发生变化。但这里所说的利息率的变化并非现行的市场利息率的变化,而是人们心目中的"标准利息率"的变化。人们对现行市场利息率或高或低的判断都是以心目中的"标准利息率"为参照物的。当人们心目中的"标准利息率"提高时,就会觉得现行市场利息率变低,从而在实际利息率不变的条件下增加货币的投机性需求,继而引起货币总需求增加,在货币供给不变的情况下,均衡利息率会上升;当人们心目中的"标准利息率"下降时,就会觉得现行市场利息率变高,从而在实际利息率不变的条件下减少货币的投机性需求,继而引起货币总需求减少,在货币供给不变的情况下,均衡利息率会下降。

五、LM 曲线的推导

上述利息率的决定结论里带着国民收入,也可以说,上述利息率的决定过程是货币市场上利息率与国民收入之间的关系,也就是 LM 曲线的推导过程。

(一)代数分析法

回顾货币市场均衡模型为

$$\begin{cases} m_d = m_s \\ m_d = kY - hr \end{cases}$$

则国民收入与均衡利息率之间的函数关系为

$$Y = \frac{1}{k}(m_s + hr)$$

求国民收入对利息率的一阶偏导,可得

$$\frac{\partial Y}{\partial r} = -\frac{1}{k}\frac{\partial h}{\partial r}$$

因为

$$\frac{\partial h}{\partial r} < 0$$

所以

$$\frac{\partial Y}{\partial r} > 0$$

该式表明,在货币市场上,国民收入影响利息率,并与利息率正相关。国民收入增加,利息率上升;反之,则降低。

在流动性陷阱区域,因为

$$\frac{dh}{dr} \to -\infty$$

所以

$$\frac{\partial Y}{\partial r} \to \infty$$

(二)几何分析法

以上分析过程用几何方法更为直观,如图 4-13 所示。图 4-13(a)是国民收入影响的货币需求。图(b)中,纵坐标表示由国民收入影响的货币需求,也就是交易性和预防性货币需求,横坐标表示投机性货币需求,直线是等货币供给量曲线,表示该曲线上所有的点所对应横轴的交易和预防性货币需求量和纵轴的投机性货币需求量之和恒等于货币供给量,因此,该条曲线包含有货币市场均衡条件。图(c)是投机性货币需求曲线。图(a)(b)(c)构成一个货币市场均衡模型,由此可以在图(d)中推导出 LM 曲线。

具体推导过程如下:当国民收入为 Y_1 时,在图 4-13(a)中可以确定出 m_t 的值为 m_{t1};在图(b)中,m_{t1} 所对应的货币投机性需求量为 m_{d3}^1;在图(c)中,与 m_{d3}^1 相对应的均衡市场利息率为 r_1,r_1 与 Y_1 在图(d)中确定了均衡点 E_1。用同样的方法可以确定出 E_2、E_3 等无数个均衡点,将这些均衡点连接起来就可以得到 LM 曲线。LM 曲线反映了货币市场均衡时国民收入和利息率之间的关系。

第四章 国民收入决定的IS-LM分析——均衡和弦（2）

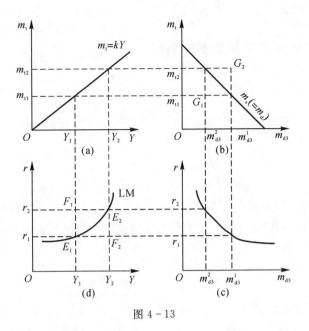

图 4-13

六、LM 曲线的内涵及位移

(一) LM 曲线的内涵

通过上述分析可以看出，均衡国民收入和市场利息率之间的正相关出现在货币市场上，满足了货币市场的均衡条件 $L=M$，将这些特点综合起来，就是 LM 曲线的内涵。所谓 LM 曲线，反映的是货币市场上，当 $L=M$ 时，国民收入和利息率之间正相关的一条曲线。

(二) LM 曲线的位移

前已述及，熟知每条曲线的截距性变量是掌握曲线位移的要义。

由 LM 曲线

$$Y = \frac{1}{k}(m_s + hr)$$

可知，纯粹的截距性变量只有一个 m_s，并和国民收入正相关。因此，货币供给量 m_s 的增加，会引起 LM 曲线向右下方移动；货币供给量 m_s 的减少，会引起 LM 曲线向左上方移动。

第四节　两部门条件下产品与货币市场的同时均衡

在第二节，投资调整为内生变量之后，通过对产品市场均衡的分析，获得 IS 曲线，发现待决定的国民收入是利息率的函数，受利息率的影响；要决定国民收入，需先决定利息率；在第三节，通过对货币市场均衡的分析，获得 LM 曲线，发现待决定的利息率是国民收入的函数，受国民收入的影响；要决定利息率，需先决定国民收入。

为了完成国民收入的最终决定，本节将通过产品和货币市场的共同均衡，同时考虑 IS 曲线和 LM 曲线。

一、均衡国民收入和均衡利息率的决定

(一)代数分析

产品和货币市场的同时均衡模型是由产品市场均衡模型和货币市场均衡模型构成的，则有

$$\begin{cases} I_a + I(r) = S_a + sY \\ m_s = kY + h(r) \end{cases}$$

该模型有两个函数，涉及内生变量 Y 和 r，因而能确定出唯一一组国民收入和利息率(Y_e, r_e)。(Y_e, r_e) 既满足产品市场均衡条件 $I=S$，又满足货币市场均衡条件 $L=M$，是产品市场和货币市场共同均衡的解。

(二)几何分析

产品与货币市场同时均衡的几何分析是由产品市场的 IS 曲线和货币市场的 LM 曲线共同构成的。IS 曲线表示产品市场满足 $I=S$ 的均衡条件，实现了均衡，得到了均衡国民收入；LM 曲线表示货币市场满足了 $L=M$ 的均衡条件，实现了均衡，得到了均衡利息率。把 IS 曲线与 LM 曲线结合在一起，就可得到产品市场和货币市场同时均衡时，利息率与国民收入之间的关系。这就是 IS-LM 模型。

图 4-14 中，IS 曲线与 LM 曲线的交点 E 为产品市场与货币市场同时达到均衡的 r_e 与 Y_e 的组合。此时，Y_e 为均衡收入水平，r_e 为均衡利率。(Y_e, r_e) 所对应的交点 E，因为在 IS 曲线上，所以满足产品市场的均衡条件；因为在 LM 曲线上，所以满足货币市场的均衡条件。因此，该组合就是满足产品市场和货币市场同时均衡的唯一一组国民收入和利息率的组合。

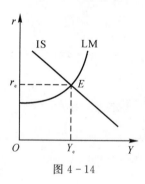

图 4-14

二、均衡国民收入和均衡利息率的变化

(一)决定均衡国民收入和均衡利息率变化的因素

按照决定机制决定变化机制的原则，回顾 IS-LM 模型，即

$$\begin{cases} I_a + I(r) = S_a + sY \\ m_s = kY + h(r) \end{cases}$$

整理后,得

$$\begin{cases} sY - I(r) = I_a - S_a \\ kY + h(r) = m_s \end{cases}$$

对以上两式等号两边分别进行微分,得

$$\begin{cases} s\mathrm{d}Y - I(r)\mathrm{d}r = \mathrm{d}I_a - \mathrm{d}S_a \\ k\mathrm{d}Y + h(r)\mathrm{d}r = \mathrm{d}m_s \end{cases}$$

其中

$$I(r) = \frac{\partial I}{\partial r}, h(r) = \frac{\partial h}{\partial r}$$

用克莱姆法则求解该微分方程组,求出 $\mathrm{d}Y$ 和 $\mathrm{d}r$:

$$\Delta = \begin{bmatrix} s & -I_r \\ k & h_r \end{bmatrix} = sh_r + kI_r$$

$$\Delta Y = \begin{bmatrix} \mathrm{d}I_a - \mathrm{d}S_a & -I_r \\ \mathrm{d}m_s & h_r \end{bmatrix} = (\mathrm{d}I_a - \mathrm{d}S_a)h_r + I_r \mathrm{d}m_s$$

$$\Delta r = \begin{bmatrix} s & \mathrm{d}I_a - \mathrm{d}S_a \\ k & \mathrm{d}m_s \end{bmatrix} = s\mathrm{d}m_s - k(\mathrm{d}I_a - \mathrm{d}S_a)$$

$$\mathrm{d}Y = \frac{\Delta Y}{\Delta} = \frac{(\mathrm{d}I_a - \mathrm{d}S_a)h_r + I_r \mathrm{d}m_s}{sh_r + kI_r}$$

$$\mathrm{d}r = \frac{\Delta r}{\Delta} = \frac{s\mathrm{d}m_s - k(\mathrm{d}I_a - \mathrm{d}S_a)}{sh_r + kI_r}$$

从上述分析结果可以看出,决定国民收入变化 $\mathrm{d}Y$ 和利息率变化 $\mathrm{d}r$ 的因素有自发性投资支出的变化 $\mathrm{d}I_a$、自发性储蓄(消费)的变化 $\mathrm{d}S_a(\mathrm{d}C_a)$ 以及货币供给量的变化 $\mathrm{d}m_s$。

这一分析过程也可以用几何法进行。

从图 4-14 可以看出,均衡国民收入和均衡利息率决定于 IS 曲线和 LM 曲线的交点 E,当这两条曲线发生位移时,均衡国民收入和均衡利息率就会发生变化。前已述及,IS 曲线的位置取决于该曲线的截距性变量,即自发性投资 I_a、自发性储蓄(消费)$S_a(C_a)$;LM 曲线的位置取决于该曲线的截距性变量,即货币供给量 m_s。因此,这些因素中的一个发生变化,即 IS 曲线或 LM 曲线发生位移时,均衡国民收入和均衡利息率就会发生变化。

(二)均衡国民收入和均衡利息率的变化(乘数理论)

自发性投资支出的变化 $\mathrm{d}I_a$、自发性储蓄(消费)的变化 $\mathrm{d}S_a(\mathrm{d}C_a)$,以及货币供给量的变化 $\mathrm{d}m_s$ 是如何引起国民收入和利息率变化呢?

1. 自发性投资支出的变化

根据

$$\mathrm{d}Y = \frac{\Delta Y}{\Delta} = \frac{(\mathrm{d}I_a - \mathrm{d}S_a)h_r + I_r \mathrm{d}m_s}{sh_r + kI_r}$$

可得

$$\frac{\partial Y}{\partial I_a} = \frac{h_r}{sh_r + kI_r}$$

因为
$$h_r < 0, I_r < 0$$
所以
$$\frac{\partial Y}{\partial I_a} > 0$$

由此可见，自发性投资与国民收入正相关。自发性投资增加，国民收入就增加；反之，则减少。

由
$$dr = \frac{\Delta r}{\Delta} = \frac{s\,dm_s - k(dI_a - dS_a)}{sh_r + kI_r}$$
可得
$$\frac{\partial r}{\partial I_a} = -\frac{k}{sh_r + kI_r}$$
因为
$$k > 0, sh_r + kI_r < 0$$
所以
$$\frac{\partial r}{\partial I_a} > 0$$

由此可见，自发性投资与利息率正相关。自发性投资增加，利息率就增加，反之，则减少。

$\frac{\partial Y}{\partial I_a} = \frac{h_r}{sh_r + kI_r}$ 中，$\frac{h_r}{sh_r + kI_r}$ 为自发性投资乘数，表示自发性投资变化 1 单位所引起的国民收入的变化量。与上一章投资为外生变量时的自发性投资乘数 $\frac{\partial Y}{\partial I} = \frac{1}{1-c} = \frac{1}{s}$ 相比，乘数大小发生了变化。

将式子
$$\frac{\partial Y}{\partial I_a} = \frac{h_r}{sh_r + kI_r}$$
右边分子、分母同时除以 h_r 可得
$$\frac{\partial Y}{\partial I_a} = \frac{1}{s + k\frac{I_r}{h_r}}$$

因为 $k\frac{I_r}{h_r} > 0$，所以当投资调整为由利息率决定的内生变量时，自发性投资乘数要比假定投资为外生变量时的自发性投资乘数小。这是由于自发性投资的增加引起国民收入的增加，国民收入的增加引起货币需求的增加，所以利息率上升，而利息率的上升引起投资下降，投资的下降又引起国民收入的减少，也就是说，自发性投资的增加在一条路径上引起了国民收入的增加，在另一条路径上由于利息率对投资扩张效应的抑制引起国民收入的减少，从而使得乘数减少。

如果投资与利息率无关，即 $I_r = 0$，那么乘数的值与上一章乘数的值无区别。

在流动性陷阱区间，不存在利息率对投资扩张效应的抑制，自发性投资乘数与上一章的该

乘数相等。原因是在流动性陷阱中，$h_r \to -\infty$，将此特征代入

$$\frac{\partial Y}{\partial I_a} = \frac{1}{s + k\dfrac{I_r}{h_r}}$$

可得

$$\frac{\partial r}{\partial I_a} \to 0$$

也就是说，在流动性陷阱区域，自发性投资的变化不会引起利息率的变化，从而阻止了投资影响国民收入的负反馈回路。

这一分析过程可以用几何法进行，如图 4-15 所示，初始自发性投资量为 I_{a1}，所对应的 IS 曲线为 $IS_1(I_{a1})$，与 LM 曲线交于均衡点 E_1，决定了均衡国民收入为 Y_1，均衡利息率为 r_1，当自发投资量由 I_{a1} 增加到时 I_{a2}，IS 曲线由 $IS_1(I_{a1})$ 的位置位移至 $IS_2(I_{a2})$ 的位置，与 LM 曲线交于均衡点 E_2，决定了均衡国民收入为 Y_2，均衡利息率为 r_2，可以看出，自发投资的增加使得均衡国民收入增加，均衡利息率上升。LM 曲线处于流动性陷阱的情况读者可以自行分析。

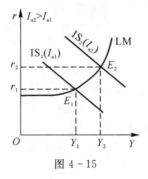

图 4-15

2. 自发性储蓄的变化

由

$$dY = \frac{\Delta Y}{\Delta} = \frac{(dI_a - dS_a)h_r + I_r dm_s}{sh_r + kI_r}$$

可得

$$\frac{\partial Y}{\partial S_a} = -\frac{h_r}{sh_r + kI_r}$$

根据前面的说明，可知

$$\frac{\partial Y}{\partial S_a} < 0$$

由此可见，均衡国民收入与自发性储蓄负相关。自发性储蓄增加，均衡国民收入减少；反之，则相反。$\dfrac{\partial Y}{\partial S_a} = -\dfrac{h_r}{sh_r + kI_r}$ 中，$-\dfrac{h_r}{sh_r + kI_r}$ 即为自发性储蓄乘数，表示自发储蓄变化 1 单位所引起的国民收入的变化量。与上一章投资为外生变量时的自发性储蓄乘数 $\dfrac{\partial Y}{\partial S_a} = -\dfrac{1}{1-c} = -\dfrac{1}{s}$ 相比，乘数变小，具体原因参见自发性投资乘数。

自发性储蓄变化引起的国民收入变化可以用几何图表示,如图 4-16 所示。初始自发性储蓄量为 S_{a1},所对应的 IS 曲线为 $IS_1(S_{a1})$,与 LM 曲线交于均衡点 E_1,决定了均衡国民收入为 Y_1,均衡利息率为 r_1,当自发储蓄量由 S_{a1} 增加到时 S_{a2},IS 曲线由 $IS_1(S_{a1})$ 的位置位移至 $IS_2(S_{a2})$ 的位置,与 LM 曲线交于均衡点 E_2,决定了均衡国民收入为 Y_2,均衡利息率为 r_2,可以看出,自发性储蓄的增加使得均衡国民收入减少,均衡利息率下降。LM 曲线处于流动性陷阱的情况读者可以自行分析。

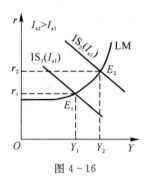

图 4-16

3. 货币供给量的变化

由

$$dY = \frac{\Delta Y}{\Delta} = \frac{(dI_a - dS_a)h_r + I_r dm_s}{sh_r + kI_r}$$

可得

$$\frac{\partial Y}{\partial m_s} = \frac{I_r}{sh_r + kI_r}$$

因为

$$I_r < 0, h_r < 0$$

所以

$$\frac{\partial Y}{\partial m_s} > 0$$

由此可见,均衡国民收入与货币供给量正相关。货币供给量增加,均衡国民收入增加;反之,则减少。$\frac{I_r}{sh_r + kI_r}$ 为货币供给量乘数,表示货币供给量变化 1 个单位所引起的国民收入的变化量。货币供给量的变化之所以会引起国民收入的乘数变化,原因在于货币需求不变的情况下,货币供给的增加会引起利率的下降,利息率的下降会引起投资的增加,而投资的增加则会引起国民收入的增加。

如果投资与利息率无关,即 $I_r \to 0$,那么根据 $\frac{\partial Y}{\partial m_s} = \frac{I_r}{sh_r + kI_r}$,可得 $\frac{\partial Y}{\partial m_s} \to 0$。也就是说,货币供给量的变化不会引起国民收入的变化。

在流动性陷阱区间,因为 $h_r \to -\infty$,根据

$$\frac{\partial Y}{\partial m_s} = \frac{I_r}{sh_r + kI_r}$$

可得

$$\frac{\partial Y}{\partial m_s} \to 0$$

这说明在流动性陷阱里,货币供给量的变化也不会引起国民收入的变化。

上述分析过程可以用几何图形表示,如图 4-17 所示,初始货币供给量为 m_{s1},所对应的 LM 曲线为 $LM_1(m_{s1})$,决定了均衡国民收入为 Y_1,均衡利息率为 r_1,当货币供给量由 m_{s1} 增加到时 m_{s2},LM 曲线由 $LM_1(m_{s1})$ 的位置位移至 $LM_2(m_{s2})$ 的位置,决定了均衡国民收入为 Y_2,均衡利息率为 r_2,可以看出,货币供给量的增加使得均衡国民收入增加,均衡利息率下降。LM 曲线处于流动性陷阱的情况读者可以自行分析。

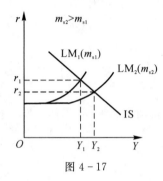

图 4-17

4. 自发投资和货币供给同时变化

从上面的分析可以看出,在投资调整为受利息率影响的内生变量以后,自发性投资的乘数小于投资为外生变量时的乘数,自发性投资对经济的扩张效应被抑制,原因在于自发性投资增加在引起国民收入增加的同时,引起了利息率的上升,减少了投资,继而减少了国民收入,形成了国民收入增加的负反馈回路。在这一逻辑中,起主要作用的是利息率的上升。如果有外力使得利息率下降,且力度相当的话,负反馈回路被堵死,自发性投资的扩张效应就会充分发挥,这个外力就是货币供给量。从前面的分析可以看出,货币供给量的增加在使得国民收入增加的同时,利息率下降。

下面使用代数法进行分析。

自发投资和货币供给同时变化所引起的利息率变化为

$$dr = \frac{\partial r}{\partial I_a} dI_a + \frac{\partial r}{\partial m_s} dm_s$$

前面已证

$$\frac{\partial r}{\partial I_a} = -\frac{k}{sh_r + kI_r}$$

$$\frac{\partial r}{\partial m_s} = \frac{s}{sh_r + kI_r}$$

所以

$$dr = -\frac{k}{sh_r + kI_r} dI_a + \frac{s}{sh_r + kI_r} dm_s = \frac{s\,dm_s - k\,dI_a}{sh_r + kI_r}$$

令

得
$$dr = 0$$

$$s\,dm_s = k\,dI_a$$

故当 $dm_s = \dfrac{k}{s}dI_a$ 时,利息率不会发生变化。自发性投资和货币供给量同时变化所引起的国民收入变化为

$$dY = \frac{\partial Y}{\partial I_a}dI_a + \frac{\partial Y}{\partial m_s}dm_s$$

前面已证

$$\frac{\partial Y}{\partial I_a} = \frac{h_r}{sh_r + kI_r}, \frac{\partial Y}{\partial m_s} = \frac{I_r}{sh_r + kI_r}$$

所以

$$dY = \frac{h_r}{sh_r + kI_r}dI_a + \frac{I_r}{sh_r + kI_r}dm_s = \frac{h_r dI_a + I_r dm_s}{sh_r + kI_r}$$

将 $dm_s = \dfrac{k}{s}dI_a$ 代入上式,可得当利息率不变时,自发性投资和货币供给量同时变化所引起的国民收入变化量为

$$dY = \frac{h_r dI_a + I_r \dfrac{k}{s}dI_a}{sh_r + kI_r} = \frac{1}{s}dI_a$$

以上分析过程也可以用几何法进行,读者可自行完成。

第五节 三部门条件下产品与货币市场的同时均衡

第四节分析了投资调整为受利息率影响的内生变量后,两部门条件下产品市场和货币市场的同时均衡,完成了国民收入和利息率的共同决定。本节在此基础上,继续分析包括政府作用的三部门条件下产品市场和货币市场的同时均衡,以及财政政策和货币政策对国民收入和利息率的影响。

一、三部门条件下产品市场的均衡

(一) IG - ST 曲线的推导

上一章已经分析了投资为外生变量时有政府作用的产品市场的均衡,在此做简单回顾和调整。包括政府作用的产品市场的均衡条件是 $Y_P = C + I + G$。因为 $Y_P = C + S + T$,所以 $I + G = S + T$ 是产品市场均衡条件的另一表达式。

产品市场均衡条件、三部门条件下的储蓄函数、投资函数构成投资为内生变量以后的包含政府作用的产品市场均衡模型为

$$\begin{cases} S + T = I + G \\ S = S_a + s(Y - T) \\ I = I_a + I(r) \end{cases}$$

求得均衡国民收入值为

$$Y_e = \frac{1}{s}[-S_a + I_a + I(r) + G - cT]$$

在该式中,求均衡国民收入对利息率的一阶偏导,有

$$\frac{\partial Y}{\partial r} = \frac{1}{s}\frac{dI}{dr}$$

因为

$$\frac{dI}{dr} < 0$$

所以

$$\frac{\partial Y}{\partial r} < 0$$

均衡国民收入与利息率之间的这种负相关关系也可以用曲线表示,如图 4-18 所示。该曲线和两部门条件下的 IS 曲线形状相同,但不同的是,该曲线反映的是有政府作用的经济系统中,满足 $S+T=I+G$ 这一产品市场均衡条件的国民收入和利息率的所有组合。因此,严格来讲,这条曲线应该叫作 IG-ST 曲线。

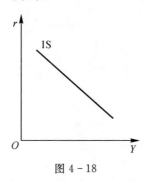

图 4-18

(二)政策性变量与 IG-ST 曲线的移动

在函数

$$Y_e = \frac{1}{s}[-S_a + I_a + I(r) + G - cT]$$

中,财政政策性变量 G 和 T 都属于截距性变量,它们的变化可引起 IG-ST 曲线的位移。在

$$Y_e = \frac{1}{s}[-S_a + I_a + I(r) + G - cT]$$

中,求均衡国民收入对财政政策性变量 G 的一阶偏导,可得

$$\frac{\partial Y}{\partial G} = \frac{1}{s}$$

因为

$$0 < s < 1$$

所以

$$\frac{\partial Y}{\partial G} > 1$$

当财政支出 G 增加时，IG-ST 曲线向右上方移动；当财政支出 G 减少时，IG-ST 曲线向左下方移动。如图 4-19 所示，与财政支出量 G_0 相适应的 IG-ST 曲线是 $IS_0(G_0)$，当政府财政支出由 G_0 增加至 G_1 时，IG-ST 曲线由原来的 $IS_0(G_0)$ 向右上方移动到 $IS_1(G_1)$，当政府财政支出由 G_0 减少至 G_2 时，IG-ST 曲线由原来的 $IS_0(G_0)$ 向左下方移动到 $IS_2(G_2)$。

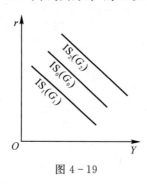

图 4-19

在

$$Y_e = \frac{1}{s}[-S_a + I_a + I(r) + G - cT]$$

中，求均衡国民收入对财政政策性变量 T 的一阶偏导，可得

$$\frac{\partial Y}{\partial T} = -\frac{c}{s}$$

因为

$$0 < s < 1, 0 < c < 1$$

所以

$$\frac{\partial Y}{\partial T} < 0$$

当政府税收 T 增加时，IG-ST 曲线向左下方移动；当政府税收 T 减少时，IG-ST 曲线向右上方移动。如图 4-20 所示，与政府税收 T_0 相适应的 IG-ST 曲线是 $IS_0(T_0)$，当政府税收由 T_0 增加至 T_1 时，IG-ST 曲线由原来的 $IS_0(T_0)$ 向左下方移动到是 $IS_1(T_1)$，当政府税收由 T_0 减少至 T_2 时，IG-ST 曲线由原来的 $IS_0(T_0)$ 向右上方移动到 $IS_2(T_2)$。

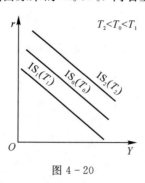

图 4-20

二、三部门条件下货币市场均衡

与两部门条件下的货币市场均衡比较，主要的变化在于政府作为第三部门通过货币政策

调节和引导货币市场,与之对应的货币供给量变成了一个可以用货币政策工具来解释的内生变量,其他内容与前面已讨论的两部门条件约束下的内容完全相同,不再重述。

(一)货币政策的含义与要素

货币政策是政府作用在货币市场上的表现,具体是指中央银行通过货币政策工具影响和调节一些经济变量,最终实现特定经济目标的一系列制度和规定的统称。一个完整的货币政策包括三大要素:一是货币政策工具;二是传导性变量;三是货币政策目标。货币政策这三大要素正向存在影响关系,反向存在制约关系。

1. 货币政策目标

通过货币政策调整,可以实现四个目标。

一是币值稳定,也叫物价稳定。在纸币流通大背景下,货币本身是没有价值的,因此,稳定币值指的是稳定纸币的购买力,保证单位纸币所能购买到的商品的数量不变。这些都取决于物价的稳定,从这一点上说,币值稳定即物价稳定。物价是市场经济的"晴雨表",这里所说的物价稳定指的是物价的相对稳定,允许物价在一定的合理区间变动。

二是充分就业。充分就业并不是指人人都有工作、失业率为零的状态。在经济运行过程中,各种客观原因导致的摩擦性失业、结构性失业、季节性失业,以及劳动者主观上不愿意接受现行工资而自动失业是不可避免的。这些类型的失业称为自然失业,与充分就业并不矛盾。所谓充分就业,指的是在现行工资水平下,愿意并有能力工作的人都有工作的状态。

三是国际收支平衡。所谓国际收支平衡,指的是在一定时期内,一个国家净出口与净资本流出的差额为零。既不存在长期巨额逆差,也不存在长期巨额顺差,本币价值稳定,物价稳定。对一个经济开放体来说,国际收支平衡是一国国民经济稳定增长的关键,也是一国经济安全,甚至政治安全的重要条件。

四是经济增长目标。发展才是硬道理。一国的经济增长既是提高一国国民生活水平的物质保障,又是彰显一国经济实力的重要条件;既是保护一国经济安全的必要条件,也是一国角逐国际政治、军事舞台的重要条件。经济增长不仅仅指经济发展速度快,同时也包括经济结构的优化和增长效率的提高。

2. 货币政策的中介指标

与财政政策比较,货币政策作用路径比较漫长。为了及时了解政策工具是否得力。政策目标能否实现,需要设计一些中介目标,中央银行可以通过对其进行调节,最终实现政策目标。通常认为中介指标的选择要符合以下三个标准:一是可测性。这些指标必须定义明确,便于分析判断,中央银行能够迅速获取有关这些指标的准确数据。二是可控性。中介指标必须易于中央银行的控制,按照中央银行设定的政策方向和力度发生变化。三是相关性。中介指标与最终目标之间有密切且稳定的统计数据上的联系,控制中介指标就可基本实现政策目标。四是抗干扰性。为保证货币政策工具操作通过中介指标的传递更好地实现政策目标,中介指标的选择应尽量是一些受干扰程度较低的指标。根据

$$Y_e = \frac{1}{1-c}[C_a + I_a + I(r)]$$

可知,利息率可以通过影响投资影响国民收入,从而实现经济增长的目标。根据

$$r_e = \frac{1}{h}(kY - m_s)$$

可知,货币供给量的变化可以引起利息率的变化。

因此,货币政策中介指标有利息率和货币供给量,虽然理论界也推崇其他指标,如银行信用规模、基础货币、股票价值、超额准备金等,但梳理以后就会发现,超额准备金和基础货币都属于货币供给量,银行信用规模的控制决定于对货币供给量的控制,至于股票价值,本身就是中央银行所不能左右的,真正意义上的货币政策中介指标只有利息率和货币供给量两个可选对象。就可测性来说,种类多样且多变,可测性不及货币供给量;就可控性来说,相较于利息率,中央银行对货币供给量的控制力更强,在经济繁荣时,中央银行为防止通货膨胀而压缩货币供给量;在经济萧条时,中央银行可以通过增加货币供给量而使得经济复苏。当然,以货币供给量作为货币政策中介指标并不是十全十美的。货币供给量除受中央银行的影响之外,还与商业银行或公会的行为有关,这就导致中央银行对货币供给量的控制并不是绝对的。另外,中央银行运用货币政策工具来调控货币供给量也存在一定的时滞。

综上可见,从理论角度来看,货币供给量作为货币政策中介指标是优于利息率的。从实践来看,也是这样的。世界上大多数中央银行都选择以货币供给量作为直接操作对象,而不是利息率或其他指标。

(二)货币政策工具

为实现货币政策目标,需要借助各种策略和手段,这就是货币政策工具。货币政策工具分为一般性政策工具和选择性政策工具。这里主要介绍一般性货币政策工具。

一般性货币政策工具具有一般传统性质,是通过中介指标货币供给量达到对货币政策目标的实现。一般性货币政策工具主要包括法定存款准备金、再贴现政策和公开市场业务,俗称金融市场的"三大法宝"。

1. 法定存款准备金

存款准备金是商业银行或某些金融机构为了应对客户提取存款或资金清算而准备的货币资金。存款准备金占到存款或银行负债总额的比率就是存款准备金率。存款准备金包括法定存款准备金和超额存款准备金两个部分。所谓法定存款准备金,是指商业银行和其他金融机构按照中央银行规定的比例强制上交的准备金;超额存款准备金则是存款准备金总额减去法定存款准备金的剩余额度。中央银行通过规定法定存款准备金率的高低就可以影响金融机构向其上交的存款准备金额度,从而影响货币供给量,实现其货币政策目的。

2. 再贴现政策

再贴现是票据贴现的一种。一般而言,票据贴现可以分为三种,分别是贴现、转贴现和再贴现。所谓贴现是指商业票据的持票人在汇票到期日前,为了取得资金,按照贴现率贴付一定利息将票据权利转让给银行的票据行为,是持票人向银行融通资金的一种方式。转贴现是贴现行为的延续,是指商业银行在资金临时不足时,将已经贴现但仍未到期的票据,交给其他商业银行或贴现机构给予贴现,以取得资金融通。

上述进行贴现和转贴现的商业银行,如果继续需要以未到期票据进行资金融通,就可以向中央银行进行再贴现。所谓再贴现是指中央银行通过买进商业银行持有的已贴现但尚未到期的商业汇票,向商业银行提供融资支持的行为。它的实质是商业银行用已贴现未到期票据作为抵押,向中央银行借款的行为。当然,在此过程中,中央银行要按照再贴现率预扣利息。这样,中央银行可以通过控制和调整再贴现率左右商业银行的融资方向和融资数量,从而影响货币供给量。

3. 公开市场业务

所谓公开市场,是公开买卖有价证券,主要有国库券、其他联邦政府债券、联邦机构债券和银行承兑汇票等的市场。参与公开市场的有中央银行、商业银行和证券商。公开市场业务是指中央银行在公开市场上通过买进或卖出有价证券,吞吐基础货币,调节货币供应量的活动。与一般金融机构所从事的证券买卖不同,中央银行买卖证券的目的不是为了盈利,而是为了调节货币供应量。

通过对货币政策诸问题的分析可以看出,在三部门条件下,考虑到政府对货币市场的干预,货币供给量 m_s 是一个可以由货币政策解释的变量,随货币政策工具的调整而发生变化。除这一点和两部门条件下的货币市场均衡分析是不同的之外,其余内容和结论在三部门条件下完全适用,这里不再重复。

三、三部门条件下产品与货币市场同时均衡

以上分别对三部门条件下产品和货币市场的均衡做了分析,以下将同时考虑两个市场的均衡,完成产品和货币市场同时均衡状态的分析。

(一)代数分析

同时考虑三部门条件下的产品与货币市场均衡模型为

$$\begin{cases} Y = \dfrac{1}{s}[-S_a + I_a + I(r) + G - cT] \\ Y = \dfrac{1}{k}[m_s - h(r)] \end{cases}$$

该模型有两个内生变量 Y 和 r,有两个函数,因此,能确定唯一一组均衡国民收入和均衡利息率的值 (Y_e, r_e)。(Y_e, r_e) 既满足了产品市场均衡条件 $I + G = S + T$,也满足了货币市场均衡条件 $L = M$,是产品和货币市场同时均衡的条件。

(二)几何分析

以上三部门条件下产品和货币市场同时均衡也可以用几何法分析,如图 4-21 所示。图中,IG-ST 曲线是产品市场均衡模型,满足了产品市场均衡条件 $I + G = S + T$,LM 曲线是货币市场均衡模型,满足了货币市场的均衡条件。两条曲线的交点 E 是产品和货币市场的同时均衡点,所对应的国民收入 Y_e 和利息率 r_e 表示均衡国民收入和均衡利息率。

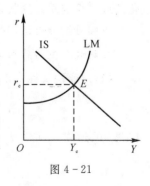

图 4-21

(三)财政政策与货币政策

1. 影响国民收入和利息率的政策性变量

回顾三部门条件下产品和货币市场的均衡模型：

$$\begin{cases} Y = \dfrac{1}{s}[-S_a + I_a + I(r) + G - cT] \\ Y = \dfrac{1}{k}[m_s - h(r)] \end{cases}$$

移项可得

$$\begin{cases} sY - I(r) = -S_a + I_a + G - cT \\ kY + h(r) = m_s \end{cases}$$

对上面两式等号两边分别进行微分,得

$$\begin{cases} s\mathrm{d}Y - I_r \mathrm{d}r = -\mathrm{d}S_a + \mathrm{d}I_a + \mathrm{d}G - c\mathrm{d}T \\ k\mathrm{d}Y + h_r \mathrm{d}r = \mathrm{d}m_s \end{cases}$$

用克莱姆法则解此微分方程,得

$$\Delta = \begin{bmatrix} s & -I_r \\ k & h_r \end{bmatrix} = sh_r + kI_r$$

$$\Delta Y = \begin{vmatrix} -\mathrm{d}S_a + \mathrm{d}I_a + \mathrm{d}G - c\mathrm{d}T & -I_r \\ \mathrm{d}m_s & h_r \end{vmatrix}$$

$$= h_r(-\mathrm{d}S_a + \mathrm{d}I_a + \mathrm{d}G - c\mathrm{d}T) + I_r \mathrm{d}m_s$$

$$\Delta r = \begin{vmatrix} s & -\mathrm{d}S_a + \mathrm{d}I_a + \mathrm{d}G - c\mathrm{d}T \\ k & \mathrm{d}m_s \end{vmatrix}$$

$$= s\mathrm{d}m_s - k(-\mathrm{d}S_a + \mathrm{d}I_a + \mathrm{d}G - c\mathrm{d}T)$$

$$\mathrm{d}Y = \frac{\Delta Y}{\Delta} = \frac{h_r(-\mathrm{d}S_a + \mathrm{d}I_a + \mathrm{d}G - c\mathrm{d}T) + I_r \mathrm{d}m_s}{sh_r + kI_r}$$

$$\mathrm{d}r = \frac{\Delta r}{\Delta} = \frac{s\mathrm{d}m_s - k(-\mathrm{d}S_a + \mathrm{d}I_a + \mathrm{d}G - c\mathrm{d}T) + I_r \mathrm{d}m_s}{sh_r + kI_r}$$

从分析结果可以看出,政府购买性支出、税收和货币供给的变化都能够使均衡国民收入和均衡利息率发生变化,政府购买性支出、税收和货币供给都是可以使国民收入和利息率发生变化的政策性变量。这就是财政政策和货币政策的作用原理。

下面分别分析这些政策性变量的变化是如何引起国民收入和利息率的变化的。

2. 财政政策的作用

(1)政府购买性支出变化。由

$$\mathrm{d}Y = \frac{\Delta Y}{\Delta} = \frac{h_r(-\mathrm{d}S_a + \mathrm{d}I_a + \mathrm{d}G - c\mathrm{d}T) + I_r \mathrm{d}m_s}{sh_r + kI_r}$$

可得

$$\frac{\partial Y}{\partial G} = \frac{h_r}{sh_r + kI_r}$$

因为
$$h_r < 0, I_r < 0$$
所以
$$\frac{\partial Y}{\partial G} > 0$$

由此可见，政府购买性支出与均衡国民收入正相关。政府购买性支出增加，均衡国民收入增加；政府购买性支出减少，均衡国民收入减少。由

$$\mathrm{d}r = \frac{\Delta r}{\Delta} = \frac{s\,\mathrm{d}m_s - k(-\mathrm{d}S_a + \mathrm{d}I_a + \mathrm{d}G - c\,\mathrm{d}T) + I_r\,\mathrm{d}m_s}{sh_r + kI_r}$$

可得
$$\frac{\partial r}{\partial G} = \frac{-k}{sh_r + kI_r}$$

因为
$$0 < k < 1$$

所以
$$\frac{\partial r}{\partial G} > 0$$

由此可见，政府购买性支出与均衡利息率正相关。政府购买性支出增加，均衡利息率上升；政府购买性支出减少，均衡利息率下降。$\frac{\partial Y}{\partial G} = \frac{h_r}{sh_r + kI_r}$ 表示政府购买性支出增加1单位所引起的国民收入的增加量，也就是政府购买性支出乘数。我们将此乘数与上一章投资为外生变量、利息率不变时的乘数做一下对比：

投资为外生变量时，有
$$\frac{\partial Y}{\partial G} = \frac{1}{1 - c(1-t)}$$

在假定税收 T 为外生变量的条件下，$t = 0$，上式变为
$$\frac{\partial Y}{\partial G} = \frac{1}{1-c}$$

将式子
$$\frac{\partial Y}{\partial G} = \frac{h_r}{sh_r + kI_r}$$

等号右边的分子、分母同除以 h_r，得
$$\frac{\partial Y}{\partial G} = \frac{1}{s + k\dfrac{I_r}{h_r}}$$

将两式比较可以看出，当投资为由利息率变化来解释的内生变量时，政府支出乘数要比投资为外生变量、利息率不变时的政府支出乘数小。原因是政府支出增加使得国民收入增加的同时，引起了利息率的上升，而利息率的上升致使投资下降，继而使得国民收入减少，形成了一个国民收入变化的负反馈回路，在一定程度上抵消了国民收入增加的幅度。这就是财政政策

的"挤出效应"。其实这一点在式子

$$\frac{\partial Y}{\partial G} = \frac{1}{s + k\frac{I_r}{h_r}}$$

中也可以看出,当 $I_r = 0$ 时,也就是投资无利息率弹性时,两个乘数的大小是相等的。这说明投资为利息率的函数时,政府支出乘数变小是源于利息率对投资的影响。

在流动性陷阱中,因为 $h_r \to -\infty$,且

$$\frac{\partial r}{\partial G} = \frac{-k}{sh_r + kI_r}$$

所以

$$\frac{\partial r}{\partial G} \to 0$$

这说明在流动性陷阱中,政府财政支出的变化不会引起利息率的变化,从而抑制了国民收入变化的负反馈回路,政府购买性支出乘数也和上一章投资为外生变量时的政府购买性支出乘数相等。

以上分析过程也可以用几何方法进行。

如图 4-22 所示,与政府购买性支出 G_1 相适应满足产品市场均衡条件的 IG-ST 曲线为 $IS_1(G_1)$,当政府购买性支出由 G_1 增加到 G_2 时,曲线由 $IS_1(G_1)$ 移动至 $IS_2(G_2)$,当 LM 曲线不变时,均衡点由 E_1 调整为 E_2,均衡国民收入由 Y_1 增加至 Y_2,均衡利息率由 r_1 上升至 r_2。可见,政府购买性支出的增加使得国民收入增加,利息率上升。

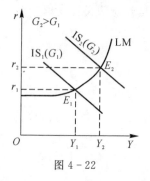

图 4-22

LM 曲线处于流动性区域时,政府购买性支出由 G_1 增加至 G_2,曲线由 $IS_1(G_1)$ 右移至 $IS_2(G_2)$,均衡国民收入由 Y_1 增加到 Y_2,均衡利息率并未发生变化。可见,在流动性陷阱中,政府购买性支出的变化并不会引起利息率的变化。

(2)税收变化。由

$$dY = \frac{\Delta Y}{\Delta} = \frac{h_r(-dS_a + dI_a + dG - cdT) + I_r dm_s}{sh_r + kI_r}$$

得

$$\frac{\partial Y}{\partial T} = \frac{-ch_r}{sh_r + kI_r}$$

因为

$$0 < c < 1$$

所以

$$\frac{\partial Y}{\partial T} < 0$$

由此可见,政府税收与均衡国民收入负相关。政府税收增加,均衡国民收入减少;政府税收减少,均衡国民收入增加。

由

$$dr = \frac{\Delta r}{\Delta} = \frac{s\,dm_s - k(-dS_a + dI_a + dG - c\,dT) + I_r\,dm_s}{sh_r + kI_r}$$

得

$$\frac{\partial r}{\partial T} = \frac{ck}{sh_r + kI_r}$$

因为

$$0 < k < 1$$

所以

$$\frac{\partial r}{\partial T} < 0$$

由此可见,政府税收与均衡利息率负相关。政府税收增加,均衡利息率下降;政府税收减少,均衡利息率上升。$\frac{\partial Y}{\partial T} = \frac{-ch_r}{sh_r + kI_r}$ 是政府税收乘数,将此乘数与政府购买性乘数 $\frac{\partial Y}{\partial G} = \frac{h_r}{sh_r + kI_r}$ 做比较,就会发现政府税收乘数的绝对值小于政府购买性支出乘数的绝对值。这是因为税收增加使得个人收入减少。根据边际消费倾向,减少的量,一部分是消费支出,一部分是储蓄。用于储蓄的这一部分反过来会导致国民收入的倍数减少,从而削弱国民收入的增加量,影响税收乘数的充分发挥,使其小于政府购买性支出乘数。

同时,税收乘数 $\frac{\partial Y}{\partial T} = \frac{-ch_r}{sh_r + kI_r}$ 也小于利息率不变假设时上一章的税收乘数 $\frac{\partial Y}{\partial T} = \frac{-c}{1-c(1-t)}$。当投资无利息率弹性,即 $I_r = 0$ 时,上述两个乘数相等,这说明与政府购买性支出乘数的分析相同,投资调整为由利息率解释的内生变量后乘数变小是因为政府税收的变化不但引起了国民收入的变化,同时引起了利息率的变化,从而使得国民收入变化形成了一个负反馈回路,削弱了国民收入的变化量。

以上分析也可以用几何方法进行,如图 4-23 所示,与政府税收 T_1 相适应满足产品市场均衡条件的曲线为 $IS_1(T_1)$,当政府税收由 T_1 增加到 T_2 时,曲线由 $IS_1(T_1)$ 位移至 $IS_2(T_2)$,当 LM 曲线不变时,均衡点由 E_1 调整为 E_2,均衡国民收入由 Y_1 减少至 Y_2,均衡利息率由 r_1 下降至 r_2。可见,政府税收的增加使得国民收入减少,利息率下降。

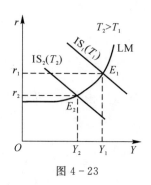

图 4-23

LM 曲线处于流动性区域时,政府税收由 T_1 增加至 T_2,曲线由 IG-ST$_1$ 左移至 IG-ST$_2$,均衡国民收入由 Y_1 减少到 Y_2,均衡利息率并未发生变化。可见,在流动性陷阱中,政府税收的变化并不会引起利息率的变化。增加财政支出、减少财政税收,从而使得均衡国民收入增加、均衡利息率上升的财政政策叫作扩张型财政政策;减少财政支出、增加财政税收,从而使得国民收入减少、利息率下降的财政政策叫作紧缩型财政政策。

3. 货币政策的作用

政府可以通过调整再贴现率、法定存款准备金率和公开市场业务等货币政策工具调节货币供给量。关于货币供给量的变化所引起的均衡国民收入和均衡利息率的变化,前面已经做了分析,这里不再重复。增加货币供给量,从而使得国民收入增加、利息率下降的货币政策叫作扩张型货币政策;减少货币供给量,从而使得利息率上升、国民收入减少的货币政策叫作紧缩型货币政策。

4. 财政政策和货币政策的配套使用

通过前面的分析可以看出,扩张型财政政策的使用使得均衡国民收入增加、均衡利息率上升,扩张型货币政策的使用使得均衡国民收入增加、均衡利息率下降。由此可以推知,如果将扩张型财政政策和扩张型货币政策配套使用且力度合适,就可以使国民收入增加的同时,利息率保持不变,从而抑制财政政策"挤出效应"。

下面以政府的财政支出和货币供给同时变化为例,分析扩张型财政政策和扩张型货币政策配套使用的结论。

政府支出和货币供给同时变化所引起的利息率变化为

$$\mathrm{d}r = \frac{\partial r}{\partial G}\mathrm{d}G + \frac{\partial r}{\partial m_s}\mathrm{d}m_s$$

将

$$\frac{\partial r}{\partial G} = \frac{k}{sh_r + kI_r}$$

和

$$\frac{\partial r}{\partial m_s} = -\frac{s}{sh_r + kI_r}$$

代入上式,可得

$$\mathrm{d}r = \frac{k}{sh_r + kI_r}\mathrm{d}G + \frac{s}{sh_r + kI_r}\mathrm{d}m_s$$

$$= \frac{s\,dm_s - k\,dG}{sh_r + kI_r}$$

令

$$dr = 0$$

则

$$s\,dm_s = k\,dG$$

由此可知,当 $dm_s = \frac{k}{s}dG$ 时,利息率不会发生变化。

政府支出和货币供给同时变化所引起的国民收入的变化为

$$dY = \frac{\partial Y}{\partial G}dG + \frac{\partial Y}{\partial m_s}dm_s$$

将

$$\frac{\partial Y}{\partial G} = \frac{h_r}{sh_r + kI_r}$$

和

$$\frac{\partial Y}{\partial m_s} = -\frac{I_r}{sh_r + kI_r}$$

代入上式,可得

$$dY = \frac{h_r}{sh_r + kI_r}dG + \frac{I_r}{sh_r + kI_r}dm_s$$

$$= \frac{h_r\,dG - I_r\,dm_s}{sh_r + kI_r}$$

将

$$dm_s = \frac{k}{s}dG$$

代入上式,可以得到使得利息率不变的政府支出和货币供给量同时变化所引起的国民收入的变化为

$$dY = \frac{h_r\,dG - I_r\frac{k}{s}dG}{sh_r + kI_r}$$

可得

$$dY = \frac{1}{s}dG$$

以上分析就是扩张型财政政策(政府支出增加)和扩张型货币政策(货币供给量增加)配套使用的结果:保持利息率不变,抑制了扩张型财政政策致使利息率上升导致的"挤出效应",政府支出乘数等于投资为外生变量时的简单乘数。

以上分析也可以用几何法直观进行,如图 4-24 所示,与政府购买性支出 G_1 相适应满足产品市场均衡条件的 IG-ST 曲线为 $IS_1(G_1)$,当政府购买性支出由 G_1 增加到 G_2 时,IG-ST 曲线由 $IS_1(G_1)$ 位移至 $IS_2(G_2)$,与货币供给量 m_{s1} 相适应满足货币市场均衡条件的 LM 曲线为 LM_1,当货币购买量由 m_{s1} 增加到 m_{s2} 时,LM 曲线由 LM_1 位移至 LM_2,随之,均衡点由 E_1

调整为 E_2，均衡国民收入由 Y_1 增加到 Y_2，均衡利息率没有发生变化。

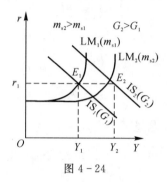

图 4-24

第六节 大象转身，寸步亦是壮举——浅谈我国利率市场化改革进程

一、利率市场化的背景

在我国，长期以来实行的是高度统一集中的利息率管理体制，利率的管理权集中于国务院，中国人民银行经国务院批准后方能公布各项存贷款利率水平。这种管理体制存在以下积弊。

一是利率"双轨"并存。一轨是法定存贷款利率，由国家对其实行严格管控，国家银行及其分支机构一般都要基本遵守并执行。另一轨则是大量的非金融机构和少部分国家银行的分支机构，为了高息拆借、民间高利贷等目的施行的黑市利率。利率"双轨"存在，不但扰乱了金融秩序，导致金融机构信贷资产质量下降、信贷资产流失，也为金融业寻租行为等腐败现象的滋生造就了土壤。

二是存贷款利差不合理。长期以来，我国存贷款利差较小，虽经多次改革后利差有所扩大，但总体来说仍然偏低。前已述及，利率是资本的价格，利率过低，资本市场上的资本使用者会因使用成本低而产生投资饥渴症，从而促成经济过热的局面。

三是不利于利率的优化配置功能。利率是资本的价格，是资本市场的"晴雨表"，资本市场上资本以利率为导向进行优化配置。这种由政府单方面控制并长期处于低价位状态的利率，失去了"看不见的手"的功能，必然造成资本的大量浪费。

这种利息率管理体制在一定的历史时期，对迅速制止金融物价领域的混乱状况，以及配合私营工商企业的所有制改革都起了很大的作用，但随着改革开放的不断推进，越来越不适应市场经济发展的需要。要把利率的决定权交给资本市场，也就是说，利率市场化改革刻不容缓。

二、我国利率市场化的含义和路径

利率市场化指的是在消解金融抑制的过程中，利率的形成机制由行政管制局部走向以市场机制为基础，并最终形成市场利率的过程。我国推进利率市场化有两条路径可以选择：一是"内科手术式"调控，指的是央行不断运用行政机制直接调整存贷款利率；二是"外科手术式"改革，指的是通过发展存贷款及其利率替代品，运用金融市场的机制力量从外部推进利率市场化改革。

我国利率市场化从萌芽到发展到深水区,所经历的事件见表4-1。

表4-1 我国利率市场化事件表

1996年6月	放开银行间同业拆借利率
1997年6月	放开银行间债券回购利率
1998—1999年	中国人民银行连续三次扩大金融机构贷款利率浮动区间
2000年9月	放开外币贷款利率和300万美元以上的大额外币存款利率
2003年11月	对美元、日元、港元小额存贷款利率实行上限管理,商业银行可根据国际金融市场利率变化,在不超过上限的前提下自主确定
2004年1月	再次扩大金融机构贷款利率浮动区间,贷款利率浮动区间不再根据企业所有制性质、规模大小分别制定
2004年1月	上调金融机构存贷款基准利率,并放宽人民币贷款利率浮动区间和允许人民币存款利率下调
2007年1月	推出上海银行间同业拆借利率
2012年6月	确定下调金融机构人民币存款基准利率,并调整利率浮动区间
2013年7月	全面放开金融机构贷款利率管制,取消金融机构贷款利率0.7倍的下限
2013年9月	提出有序推进利率市场化工作的三项任务:一是建立市场利率定价自律机制,二是开展贷款基础利率报价工作,三是推进同业存单发行与交易
2013年10月	贷款基础利率集中报价和发布机制正式实行
2014年11月	将金融机构存贷款利率浮动区间的上限由存款基准利率的1.1倍调整为1.2倍
2015年3月	将金融机构存贷款利率浮动区间的上限由存款基准利率的1.2倍调整为1.3倍
2015年5月	将金融机构存贷款利率浮动区间的上限由存款基准利率的1.3倍调整为1.5倍
2015年6月	推出大额存单
2015年8月	放开一年期以上定期存款的利率浮动上限
2015年10月	对商业银行和农村合作金融机构等不再设置存款利率浮动上限

三、利率市场化前景

经过十几年的推进,我国的利率市场化改革已经取得了瞩目进展。特别是党的十八大以来,我国在放开利率管制、健全市场化利率形成机制方面又迈出了新的步伐。存款利率浮动区间上限的进一步扩大,不仅有利于更大程度地发挥市场在利率形成中的决定性作用,也为未来全面放开利率管制奠定了坚实的基础。

2018年一季度货币政策执行报告提出要继续稳步推进利率市场化改革,推动利率"两轨"逐步合"一轨"。"深化利率市场化改革,降低实际利率水平"出现在2019年《国务院政府工作报告》后,市场再度聚焦融资症结背后的制度性改革问题。20多年的渐进市场化之路已经到了至关重要的"最后一公里"。不过,曙光在前并不意味着可以顺其自然,改革的"最后一公里"通常也是问题最为复杂、利益冲突显现、风险问题交织的"深水区"。我们相信,大象转身,寸步亦是壮举!

本 章 小 结

本章的研究对象:国民收入及其决定和变化;

使用的方法:IS-LM方法;

涉及的市场:产品和货币市场;部门的推进:从两部门到三部门。

为了使理论和实践更为靠近,破解投资函数实践欠缺操作性的缺陷,本章首先通过投资函数的构筑剔除掉上一章投资为外生变量的假设,建立并解释了投资和利率间的负相关关系。

将利率和投资之间的负向直接关系,投资和国民收入之间的正向直接关系对接,在产品市场上,生成利率和国民收入之间负向间接关系。这就是IS模型的经济含义。

IS曲线反映了利率对国民收入的负向影响。为了最终完成国民收入的决定,需先确定利率。

利率是货币市场上货币的价格。要确定利率,需移步货币市场。由于商品的价格由商品的供给和需求同时决定,因此,利率由货币的需求和货币的供给共同决定。因为决定利率的货币需求中的交易和预防性需求决定于国民收入,所以国民收入通过影响货币需求从而间接影响到利率。这就是LM模型的经济含义。

在产品市场上,为了完成国民收入决定,涉及货币市场上的利率。移步货币市场去决定利率,又发现利率受到产品市场上国民收入的影响,因此,国民收入和利率互相影响,互为函数。为最终完成国民收入决定,需将两个市场、两个函数同时考虑,这就是IS-LM模型的经济含义。

包含政府部门的IS曲线的实质是包含了财政政策,包含政府部门的LM曲线其实质是包含了货币政策,因此,三部门条件下的IS-LM模型可以用来进行财政-货币政策分析。

与上一章比较,本章的模型因为考虑到了投资的内生变量特征,变得更为精致。但物价总水平不变的假设依然是模型的硬伤。下一章,将放弃物价总水平不变的假设,继续精进模型,更好地对接实践。

第五章 国民收入决定的 AD-AS 分析
——均衡和弦(3)

✻ **教学内容**

前面章节对宏观经济问题的讨论都是假定物价总水平是固定不变的。实际上,价格是不断发生变化的,原有的讨论都没有说明产量与价格之间的关系。在凯恩斯看来,经济之所以萧条,是因为社会中存在许多未被利用的资源,只要增加支出或需求,实际产出量和就业水平就会提高。但实际上,经济并不总是萧条的,使总需求增长的政策并不能总使产量提高,相反,会引起物价总水平的上升。因此,本章取消物价总水平不变的假设,着重说明产量和物价总水平之间的关系。要说明这种关系,就需要把物价总水平引入 IS-LM 模型,考察产品市场、货币市场、劳动力市场同时达到均衡时产量和价格的关系,建立决定产量和价格的总需求-总供给模型。

✻ **教学目的**

思政引领:进一步感受数学工具的简洁美;了解我国的供给侧结构性改革,感受政府在需求和供给两键切换时的果敢和力量美;又一次感受均衡美。

知识传授:掌握总需求函数和曲线;了解总供给函数和曲线;了解总供给、总需求与物价总水平的关系。

思维培养:借助数学工具的逻辑推演能力,培养对我国供给侧结构性改革政策的思辨能力。

第一节 总需求函数和总需求曲线

一、总需求函数

在物价总水平不变的情况下,之前的货币供给是没有名义值和实际值之分的,或者说货币供给的名义值和实际值相等,实际货币供给量为常量。当物价总水平发生变化时,实际货币供给量就成了变量。名义货币供给量、实际货币供给量和物价总水平之间的关系为

$$m_s = \frac{M_s}{P}$$

将此关系式嵌入 IS-LM 模型,可以构造一个将物价总水平看作变量的产品与货币市场共同均衡模型,即

$$\begin{cases} S_a + sY = I_a + I(r) \\ m_s = kY + h(r) \\ m_s = \dfrac{M_s}{P} \end{cases}$$

移项,得
$$\begin{cases} sY - I(r) = I_a - S_a \\ kY + h(r) = \dfrac{M_s}{P} \end{cases}$$

对两个等式两边分别微分,得
$$\begin{cases} s\,\mathrm{d}Y - I_r \mathrm{d}r = \mathrm{d}I_a - \mathrm{d}S_a \\ k\,\mathrm{d}Y + h_r \mathrm{d}r = \dfrac{\mathrm{d}M_s}{P} - \dfrac{M_s}{P^2}\mathrm{d}P \end{cases}$$

用克莱姆法则进行求解,得
$$\Delta = \begin{vmatrix} s & -I_r \\ k & h_r \end{vmatrix} = sh_r + kI_r$$

$$\Delta Y = \begin{vmatrix} \mathrm{d}I_a - \mathrm{d}S_a & -I_r \\ \dfrac{\mathrm{d}M_s}{P} - \dfrac{M_s}{P^2}\mathrm{d}P & h_r \end{vmatrix}$$

$$= h_r(\mathrm{d}I_a - \mathrm{d}S_a) + I_r\left(\dfrac{\mathrm{d}M_s}{P} - \dfrac{M_s}{P^2}\mathrm{d}P\right)$$

$$\mathrm{d}Y = \dfrac{\Delta Y}{Y} = \dfrac{h_r(\mathrm{d}I_a - \mathrm{d}S_a) + I_r\left(\dfrac{\mathrm{d}M_s}{P} - \dfrac{M_s}{P^2}\mathrm{d}P\right)}{sh_r + kI_r}$$

故
$$\dfrac{\partial Y}{\partial P} = -\dfrac{I_r M_s}{P^2(sh_r + kI_r)}$$

因为
$$I_r < 0, h_r < 0$$

所以
$$\dfrac{\partial Y}{\partial P} < 0$$

以上分析过程也可以用几何法直观进行,如图 5-1 所示。

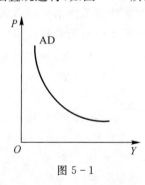

图 5-1

由此可见,物价总水平与均衡国民收入负相关。物价总水平下降,均衡国民收入上升;物价总水平上升,均衡国民收入下降。这个反映物价总水平与均衡国民收入负相关的函数称为总需求函数,与之对应的曲线称为总需求曲线。

二、总需求曲线

总需求曲线的推导也可以利用 IS-LM 几何图形进行。根据

$$m_s = \frac{M_s}{P}$$

实际货币供给量 m_s 与物价总水平 P 负相关。物价总水平下降,实际货币供给量增加;物价总水平上升,实际货币供给量下降。根据前面章节所述的 LM 曲线的移动,实际货币供给量增加,LM 曲线右移;实际货币供给量减少,LM 曲线左移。那么也可以说,物价总水平下降,使得 LM 曲线右移;物价总水平上升,使得 LM 曲线左移。如图 5-2 所示。

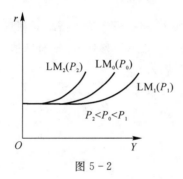

图 5-2

初始价格总水平为 P_0,LM 曲线为 LM_0,当物价总水平由 P_0 上升为 P_1 时,LM 曲线由 LM_0 右移为 LM_1,当物价总水平由 P_0 下降为 P_2 时,LM 曲线由 LM_0 左移为 LM_2。在 IS 曲线不变的情况下,LM 曲线的左右移动会引起 IS 曲线与 LM 曲线的交点发生左右移动,从而使得均衡国民收入或减少或增加。这样,就相当于物价总水平与均衡国民收入间形成一一对应的关系,且负向相关。把物价总水平与均衡国民收入间的这种负相关关系用曲线表示,如图 5-3 所示。图 5-3(a)中,与价格总水平 P_1 对应的 LM 曲线为 LM_1,LM_1 与 IS 曲线交点决定了均衡国民收入为 Y_1,P_1 和 Y_1 构成了图 5-3(b)中的点 A;图 5-3(a)中,与价格总水平 P_2 对应的 LM 曲线为 LM_2,LM_2 与 IS 曲线交点决定了均衡国民收入为 Y_2,P_2 和 Y_2 构成了图 5-3(b)中的点 B;图 5-3(a)中,与价格总水平 P_3 对应的 LM 曲线为 LM_3,LM_3 与 IS 曲线交点决定了均衡国民收入为 Y_3,P_3 和 Y_3 构成了图 5-3(b)中的点 C;用同样的方法可以在图 5-3(b)中确定出一系列物价总水平与均衡国民收入一一对应的点,将这些点连接起来,便得到一条曲线,即总需求曲线。

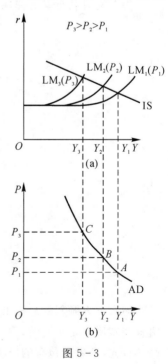

图 5-3

假定其他情况不变,总需求曲线向右下倾斜,表明均衡国民收入与价格总水平呈反向变动关系,也就是说,价格水平上升,总支出水平下降;价格水平下降,总支出水平上升。

根据总需求函数的推导,总需求曲线的斜率为

$$\frac{\partial Y}{\partial P} = -\frac{I_r M_s}{P^2(sh_r + kI_r)}$$

从该式可以看出,投资对利息率的一阶导数 I_r 和投机性货币需求对利息率的一阶导数 h_r 对总需求曲线的斜率起着决定性作用。对该式等号右边的分子和分母同时除以 I_r,得

$$\frac{\partial Y}{\partial P} = -\frac{M_s}{P^2\left(s\dfrac{h_r}{I_r} + k\right)}$$

由此可以看出,总需求曲线的斜率与投资对利息率的一阶导数 I_r 正向相关。I_r 越大,总需求曲线的斜率越大;I_r 越小,总需求曲线的斜率越小。总需求曲线的斜率与投机性货币需求对利息率的一阶导数 h_r 负向相关。h_r 越大,总需求曲线的斜率越小;h_r 越小,总需求曲线的斜率越大。

当投资对利息率的一阶导数 I_r 和投机性货币需求对利息率的一阶导数 h_r 进入特殊区间或取特殊值时,总需求曲线的斜率也进入特殊区间,取特殊值。

具体来说,在流动性陷阱中,因为 $h_r \to \infty$,根据

$$\frac{\partial Y}{\partial P} = -\frac{I_r M_s}{P^2(sh_r + kI_r)}$$

得

$$\frac{\partial Y}{\partial P} \to 0$$

也就是说,国民收入不随物价总水平的变化而变化。总需求曲线的斜率为零时,是一条垂直于横轴的直线,如图 5-4 所示。

当投资对利息率无弹性,即 $I_r = 0$ 时,根据

$$\frac{\partial Y}{\partial P} = -\frac{I_r M_s}{P^2(sh_r + kI_r)}$$

得

$$\frac{\partial Y}{\partial P} = 0$$

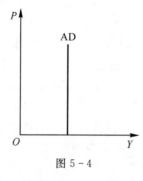

图 5-4

向右下方倾斜的总需求曲线在形状上和微观经济学单个商品的需求曲线是相同的,但是两者在本质上是不同的,需要区分清楚。

首先,两者所包含的经济内容不同。微观经济学单个商品的需求曲线是消费者在取得最大效用的均衡状态下,消费者购买量与商品价格之间的负相关关系,总需求曲线是在产品与货

币市场同时均衡的状态下,国民收入与物价总水平之间的负相关关系。其次,两者向右下方倾斜的原因是不同的。微观经济学单个商品的需求曲线向右下方倾斜是因为替代效应和收入效应,但对于社会总需求曲线,这两个效应都失去作用。先看替代效应,当价格总水平发生变化时,如果各种商品价格同比例发生变化,商品的相对价格就没有发生变化,不会产生商品之间的替代。如果各种商品价格发生不同比例的变化,虽然会产生商品间的替代,但是在一些商品需求增加的同时,另一些商品的需求则减少,社会总需求量不会发生变化。再看收入效应,物价总水平的变化既包括消费品的价格变化,也包括生产要素的价格变化,而生产要素的价格变化,也就是消费者的名义收入水平发生了变化,可以保证实际收入不发生变化。因此,单个商品需求曲线向右下方倾斜并不能推导出总需求曲线向右下方倾斜。总需求曲线向右下方倾斜是因为利息率效应。具体来说,当物价总水平下降时,名义货币供给不变的情况会导致实际货币供给的减少。在货币市场上,实际货币供给的减少会引起利息率上升,利息率上升会导致投资支出减少,继而引起产品市场上国民收入的减少,反之,则增加。因此,物价总水平与国民收入负相关。

第二节 总供给函数和总供给曲线

本节之前的内容,一直是站在经济机体的需求侧来研究各种经济关系,以及经济关系之间的磨合与协调。从本节开始,研究视角转入经济机体的供给侧。上一节分析了物价总水平引起实际货币供给量变化,从而引起总需求的变化,进一步引起均衡国民收入变化的简单过程。本节将探讨物价总水平的变化引起实际工资率的变化,进一步引起就业量的变化,说明由供给侧决定的国民收入(总供给量)是物价总水平的函数。

一、生产函数

生产函数是实际国内产品(国民收入)与就业量之间的关系,用公式表示为

$$Y = Y(N) + \varepsilon$$

其中,N 表示就业量,ε 表示与就业量无关的影响国内产品(国民收入)的因素,一般指技术水平。实践证明,国民收入 Y 与就业量 N 之间的关系会随着就业量 N 的取值区间的变化而发生变化,两者的关系可以分为三个阶段。

第一阶段:当 $0 < N < N_1$ 时,有

$$\frac{\mathrm{d}Y}{\mathrm{d}N} > 0, \frac{\mathrm{d}^2 Y}{\mathrm{d}N^2} = 0$$

国民收入随着就业量的增加而增加,且增加率不变。$\frac{\mathrm{d}Y}{\mathrm{d}N}$ 定义为劳动的边际产品,用 MP 表示。可见,当 $0 < N < N_1$ 时,劳动的边际产品为正,并且不变。

第二阶段:当 $N_1 < N < N_2$ 时,有

$$\frac{\mathrm{d}Y}{\mathrm{d}N} > 0, \frac{\mathrm{d}^2 Y}{\mathrm{d}N^2} < 0$$

国民收入随着就业量的增加而增加,但增加率变得越来越小。也就是说,劳动的边际产品为正,但不断减少,这被称为劳动边际生产力递减。

第三阶段：当 $N > N_2$ 时，有

$$\frac{dY}{dN} = 0$$

此时，国民收入不再随着就业量的变化而发生变化，即劳动的边际产品为零。

生产函数的以上特性可以用几何图形表示，如图 5-5 所示。图 5-5(a)中，横坐标表示国民收入，纵坐标表示就业量，曲线 $Y = Y(N) + \varepsilon$ 表示生产函数曲线。可以发现，在第一阶段，即当 $0 < N < N_1$ 时，国民收入随着就业量的增加而增加，增加率不变，曲线是向上倾斜的直线；在第二阶段，即当 $N_1 < N < N_2$ 时，国民收入随着就业量的增加而增加，但增加率越来越小，曲线凸向横轴；在第三阶段，即当 $N > N_2$ 时，国民收入不随就业量的变化而变化，曲线则垂直于横坐标。生产函数中表示技术水平的 ε 决定曲线的位置。当技术水平提高时，ε 增大，曲线向右移动，反之，则相反。

图 5-5(b)中，横坐标表示劳动的边际产品 MP，纵坐标表示就业量，曲线 MP 是劳动的边际产品曲线。可以发现，在第一阶段，即当 $0 < N < N_1$ 时，MP 是常数，劳动的边际产品曲线是垂直于横轴的直线；在第二阶段，即当 $N_1 < N < N_2$ 时，劳动的边际产品递减，其曲线向下倾斜；在第三阶段，即当 $N > N_2$ 时，劳动的边际产品为零，其曲线与纵轴重合。

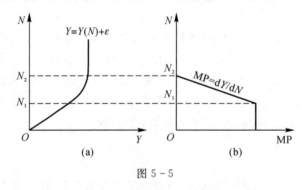

图 5-5

生产函数说明国内产品是由就业量决定的，而一个国家的就业量是由劳动力市场决定的。以下引入劳动力市场，研究劳动力市场均衡时的就业量的决定。

二、劳动力市场

就业水平由劳动力市场的需求和供给共同决定。

(一)劳动力的需求曲线

微观经济学告诉我们，与消费品的需求不同，劳动力需求是一种派生需求，其派生于生产者生产产品的需求，因此，生产者对劳动力的需求决定于生产者利润最大化条件。社会对劳动力的需求是整个社会生产者总体对劳动力的需求，也决定于利润最大化条件。定义利润的核算公式如下：

如果用 π 表示利润，PY 表示名义国民收入，W 表示名义货币工资率，或者单位工资，WN 表示生产成本，那么利润公式为

$$\pi = PY - WN$$

求利润对劳动力数量的一阶导数，得

$$\frac{\partial \pi}{\partial N} = P \frac{\partial Y}{\partial N} - W$$

为使利润取最大值,则需

$$\frac{\partial \pi}{\partial N} = P \frac{\partial Y}{\partial N} - W = 0$$

即

$$\frac{\partial Y}{\partial N} = \frac{W}{P}$$

定义 $w = \dfrac{W}{P}$ 为实际工资率,则

$$\frac{\partial Y}{\partial N} = \frac{W}{P} = w$$

因此,要保证利润最大化,则劳动力的边际产品应该等于实际工资率,有

$$\frac{\partial Y}{\partial N} = w$$

从该式可以求解出劳动力的需求量与实际工资率之间的函数关系,记为

$$D_N = D_N(w)$$

这就是劳动力的需求函数,其中 D_N 表示劳动力的需求量。

劳动力的需求量与实际工资率之间的关系也可以用几何图形表示,如图 5-6 所示,横轴表示实际工资率和劳动力的边际产品,纵轴表示劳动力需求量。该曲线是劳动力的边际产品曲线,反映的是劳动力的边际产品 MP 与劳动力的需求量 N 之间的对应关系。按照满足利润最大化条件的劳动力需求量的决定条件,当横轴的劳动力边际产品等于实际工资率时,与其对应的纵轴的劳动力的需求量将是满足条件的,故而当劳动力边际产品曲线的横轴调整为与其相等的实际工资率时,反映劳动力需求量与劳动力边际产品关系的劳动力边际产品曲线就变成了反映劳动力需求量与实际工资率对应关系的劳动力的需求曲线。

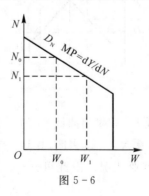

图 5-6

(二)劳动力的供给曲线

假定影响劳动力供给的因素是实际工资率,并和实际工资率正相关,记为

$$S_N = S_N(w)$$

且

$$\frac{dS_N}{dw} > 0$$

实际工资率之所以与劳动力供给正相关,那是因为劳动是一种负享受,只有提供较高的工资报酬,劳动力所有者才能被诱惑提供更多的劳动力。因此,实际工资率越高,劳动力供给越多,反之,则相反。

实际工资率和劳动力供给量之间的正相关关系也可以用几何图形表示,如图5-7所示,横轴 w 表示实际工资率,纵轴 N 表示劳动力供给量,直线 S_N 表示劳动力供给曲线。

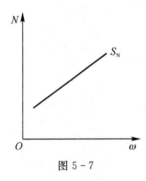

图 5-7

(三)劳动力市场均衡

凯恩斯认为,由于强大的工会力会阻碍货币工资率的下降,因此,劳动力市场上,货币工资率只能上升,不能下降,这就是货币工资率下降刚性。图5-8分析了这一假定下的劳动力市场的均衡状况。

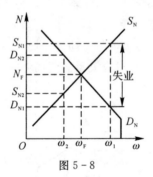

图 5-8

图5-8中,劳动力的需求曲线 D_N 和供给曲线 S_N 的交点相对应的实际工资率为 w_F,对应的劳动力的需求量和供给量相等,为 N_F。这表明,在这一实际工资率水平下,愿意就业的人都可以找到工作,社会达到充分就业状况。由此可知,充分就业并不是所有的劳动力都有工作。

当实际工资率高于 w_F 时,譬如为 w_1,此时劳动的供给量 S_{N1} 大于劳动的需求量 D_{N1},如果是普通产品市场,过高的供给将驱使价格下降,直至供求相等,但劳动力市场上由于货币工资率下降刚性的存在,在物价总水平不变的条件下,货币工资率不会因为劳动力的供给大于需求而下降,那么劳动力供给大于需求的部分便表现为失业。因此,在实际工资率高于 w_F 时,劳动力市场的均衡是由劳动力需求方单方面决定的,就业量等于劳动力的需求量。

当实际工资率低于 w_F 时,譬如为 w_2,此时劳动力的供给量 S_{N2} 低于劳动力的需求量 D_{N2},这时与普通产品市场相同,实际工资率会上升,劳动力的需求减少、供给增加,直至实际工资率上升至 w_F,劳动力供给等于需求为止。

综上可知,劳动力市场有如下特点:第一,就业量不能大于充分就业量 N_F,实际工资率不能低于实际工资率 w_F。 第二,就业量由实际货币工资率与劳动力的需求单方面决定,劳动力的供给方不起作用。

三、总供给曲线及其移动

生产函数说明了实际国内产品是就业量的函数,劳动力市场的均衡说明了就业量由实际货币工资率和劳动力的需求决定,将两者结合起来就可以推导出实际国内产品,也就是总供给的决定因素。

(一)总供给函数与总供给曲线

将生产函数和劳动力需求函数联立形成总供给模型为

$$\begin{cases} Y = Y(N) + \varepsilon \\ Y'(N) = \dfrac{W}{P} \end{cases}$$

其中,$Y'(N) = \dfrac{dY}{dN}$ 表示在劳动力市场均衡中,就业量不能大于充分就业的就业量。其中,Y、N 是内生变量,P、W 是外生变量。若将 W 看作常数,则有 Y、N、W 三个变量,两个方程。因此,可以求出由劳动力市场均衡决定的国民收入与物价总水平之间的函数关系为

$$Y = F(P)$$

该式被称为总供给函数。

也可以求出就业量与物价总水平之间的函数关系为

$$N = N(P)$$

以此来确定具体的函数关系。

对模型的两个等式等号两边分别进行微分,得

$$\begin{cases} dY = Y'dN + d\varepsilon \\ Y''dN = \dfrac{1}{P^2}(PdW - WdP) \end{cases}$$

整理,得

$$\begin{cases} dY - Y'dN = d\varepsilon \\ Y''dN = \dfrac{1}{P^2}(PdW - WdP) \end{cases}$$

用克莱姆法则求解该微分方程组,得

$$\Delta = \begin{vmatrix} 1 & -Y' \\ 0 & Y'' \end{vmatrix} = Y''$$

$$\Delta Y = \begin{vmatrix} d\varepsilon & -Y' \\ \dfrac{1}{P^2}(P\,dW - W\,dP) & Y'' \end{vmatrix}$$

$$= Y''\,d\varepsilon + \dfrac{Y'}{P^2}(P\,dW - W\,dP)$$

$$dY = \dfrac{\Delta Y}{\Delta} = d\varepsilon + \dfrac{Y'}{Y''P^2}(P\,dW - W\,dP)$$

解得

$$\dfrac{\partial Y}{\partial P} = -\dfrac{WY'}{P^2 Y''}$$

根据前述生产函数和劳动力市场均衡的分析内容可知,就业量在不同的区间取值,$\dfrac{\partial Y}{\partial P}$ 有不同的取值。

当 $0 < N < N_1$,即 $0 < Y < Y_1$ 时,因为 $Y' > 0$, $Y'' \to 0$,所以

$$\dfrac{\partial Y}{\partial P} \to \infty$$

在这个区间,因为劳动力的边际产品为常数,所以与劳动力边际产品相等的实际工资率也是常数,在货币工资率不变的条件下,物价总水平是不变的,总供给曲线为水平线,水平的总供给曲线称为凯恩斯阶段。

当 $N_1 < N < N_F$(N_F 为充分就业水平),即 $Y_1 < Y < Y_F$ 时,因为 $Y' > 0$, $Y'' < 0$,所以

$$\dfrac{\partial Y}{\partial P} > 0$$

也就是说,国民收入与物价总水平正相关,物价总水平上升会导致国民收入增加,物价总水平下降会导致国民收入减少。这是因为物价总水平上升时,若货币工资率不变,则实际工资率下降,为使得劳动力市场保持均衡,在劳动力市场上劳动力的需求增加以达到劳动力边际产品的下降,因此,就业量增加,国民收入增加,这个区间称为中间阶段。

当 $N = N_F$($N_F < N_2$),即 $Y = Y_F$ 时,因为就业量不会超过充分就业就业量 N_F,所以此时物价总水平的上升不再引起劳动力市场上就业量的增加,也就不会引起国民收入的增加。

综上,就业量 N 在不同的区间取值时,国民收入和物价总水平的关系是不同的。具体可以分为三个阶段,总供给曲线如图 5-9 所示。

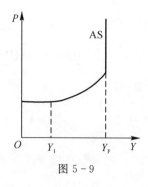

图 5-9

图 5-9 中，横轴表示国民收入，纵轴表示物价总水平，AS 表示总供给曲线。当 $0 < Y < Y_1$ 时，因为

$$\frac{\partial Y}{\partial P} \to \infty$$

所以总供给曲线为水平直线，这个阶段称为凯恩斯阶段。

当 $Y_1 < Y < Y_F$ 时，因为

$$\frac{\partial Y}{\partial P} > 0$$

所以总供给曲线向右上方倾斜，这个阶段称为中间阶段。

当 $Y = Y_F$ 时，因为

$$\frac{\partial Y}{\partial P} = 0$$

所以总供给曲线垂直于横轴，这个阶段称为古典阶段。

(二) 总供给曲线的移动

回顾式子

$$\mathrm{d}Y = \frac{\Delta Y}{\Delta} = \mathrm{d}\varepsilon + \frac{Y'}{Y''P^2}(P\mathrm{d}W - W\mathrm{d}P)$$

求国民收入对货币工资率的一阶偏导，可得

$$\frac{\partial Y}{\partial W} = \frac{Y'}{Y''P}$$

在凯恩斯阶段，也就是当 $0 < Y < Y_1$ 时，因为

$$Y' > 0, Y'' \to 0$$

所以

$$\frac{\partial Y}{\partial W} \to -\infty$$

在中间阶段，也就是当 $Y_1 < Y < Y_F$ 时，因为

$$Y' > 0, Y'' < 0$$

所以

$$\frac{\partial Y}{\partial W} < 0$$

在古典阶段，也就是当 $Y = Y_F$ 时，因为

$$Y' = 0$$

所以

$$\frac{\partial Y}{\partial W} = 0$$

在几何语言下，这种国民收入与货币工资率的关系解释了总供给曲线的移动，具体如图 5-10 所示。

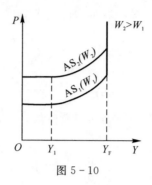

图 5-10

当货币工资率为 W_1 时,总供给曲线为 $AS_1(W_1)$,当货币工资率上涨到 W_2 时,总供给曲线向上移动到 $AS_2(W_2)$。需要强调的是,因为凯恩斯主义认为货币工资具有下降刚性,只能上升,不能下降,所以,总供给曲线只能上升,不能下降。

回顾式子

$$dY = \frac{\Delta Y}{\Delta} = d\varepsilon + \frac{Y'}{Y''P^2}(PdW - WdP)$$

求国民收入对 ε 的一阶偏导,可得

$$\frac{\partial Y}{\partial \varepsilon} = 1$$

随着技术进步、国民收入增加,总供给曲线向右移动,具体如图 5-11 所示。当技术水平为 ε_1 时,总供给曲线为 $AS_1(\varepsilon_1)$,当技术水平提高到 ε_2 时,总供给曲线向右移动到 $AS_2(\varepsilon_2)$。

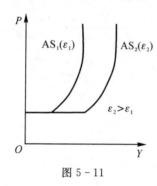

图 5-11

(三)总供给曲线的几何推导

以上分析的总供给曲线的推导和总供给曲线的移动都可以用几何方法进行,如图 5-12 所示。

先来看总供给曲线的几何推导。

图 5-12(a)中,与国民收入 Y_1 对应的就业量 N_1 确定了 图 5-12(b)中的实际工资率为 w_1。假定现行的货币工资为 W_1,那么,与实际工资率 w_1 相适应的物价总水平是图 5-12(c)中的 P_1,由此可得,当国民收入为 Y_1 时,物价总水平是 P_1。Y_1 和 P_1 的组合,在图 5-12(d)中表现为点 A。可以用该方法得到国民收入和物价总水平的很多组合,并表示在图 5-12(d)中就形成了向右上方倾斜的总供给曲线。

第五章 国民收入决定的AD-AS分析——均衡和弦（3）

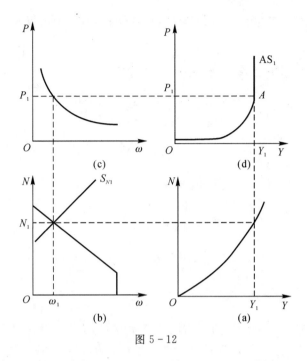

图 5-12

需要注意的是，因为总供给曲线是"推导"出来的，换句话说，是由图 5-12(a)(b)(c)中的已知经济关系决定的，所以当这三组经济关系中的某一组关系表现为特殊关系内容时，由此决定的图(d)中的总供给曲线也表现为特殊形式。具体来说，在图(c)中，当 $0 < N < N_1$ 时，劳动的需求曲线是垂直的，决定了在整个区间实际工资率都为 w_1，故而物价总水平都为 P_1。另一方面可以看到，在图(a)中，当 $0 < N < N_1$ 时，国民收入的取值是 $0 < Y < Y_1$，这样在图(d)中，就表现为物价总水平为 P_1，国民收入为当 $0 < Y < Y_1$ 时的水平形式的总供给曲线。

还有，物价总水平为 P_F，国民收入为 Y_F，表示充分就业的国民收入水平。当物价总水平高于 P_F，譬如为 P_3，如果此时的货币工资率仍为 W_1，那么在图(b)中，劳动力市场就会表现为劳动力需求大于供给的不均衡状态，实际工资率会不断上升，直至上升为 w_F，劳动力市场达到均衡状态，就业量为 N_F，对应的图(a)中的国民收入为 Y_F，这样，在图(d)中就出现了物价总水平 $P > P_F$、国民收入始终为 Y_F 的垂直形式的总供给曲线。

因此，最终的总供给曲线是由图 5-12(d)的三段构成的。

第三节 国民收入决定——AD-AS 模型

上述在IS-LM模型的基础上考虑物价总水平的变化，构筑了总需求模型，推导出反映物价总水平与总需求之间的关系——总需求函数和总需求曲线，完成了国民收入、物价总水平与利息率三个内生变量的互相决定，保证了产品与货币市场的均衡；在生产函数和劳动力需求函数的基础上，构筑了总供给模型，推导出反映物价总水平与总供给之间关系的总供给函数和曲线，完成了国民收入、物价总水平与就业量三个内生变量之间的互相决定，保证了劳动力市场的均衡。本节将在以上内容的基础上，将总需求模型与总供给模型，总需求函数或总需求曲线与总供给函数或总供给曲线，产品市场、货币市场与劳动力市场进行融合，构建总需求-总供给模型,实现产品市场、货币市场和劳动力市场的同时均衡,研究国民收入、物价总水平与利息率的共同决定。

一、国民收入、利息率与物价总水平的共同决定

将本章第一、二节的总需求模型与总供给模型联立,可得

$$\begin{cases} S_a + sY = I_a + I(r) \\ kY + h(r) = \dfrac{M_s}{P} \\ Y' = \dfrac{W}{P} \\ Y = Y(N) + \varepsilon \end{cases}$$

该模型中,$S_a + sY = I_a + I(r)$ 表示产品市场的均衡,$kY + h(r) = \dfrac{M_s}{P}$ 表示货币市场的均衡,$Y' = \dfrac{W}{P}$ 表示劳动力市场的均衡。

因此,该模型包含了产品市场、货币市场与劳动力市场的同时均衡。该模型含有国民收入 Y、物价总水平 P、就业量 N 以及利息率 r 四个内生变量,四个方程可进行均衡值求解。也可以用总需求函数与总供给函数的联立更为简约地进行上述内容的分析:

$$\begin{cases} Y = f(P) \\ Y = F(P) \end{cases}$$

其中,$Y = f(P)$ 表示总需求函数;$Y = F(P)$ 表示总供给函数。

该模型含有国民收入 Y 和物价总水平 P 两个内生变量,两个方程可进行均衡值的求解。这一分析过程也可以用几何方法更为直观地进行,如图 5-13 所示,AD 是 $Y = f(P)$ 的几何表示总需求曲线,AS 是 $Y = F(P)$ 的几何表示总供给曲线,点 E 表示总供给和总需求相等的均衡点,决定了均衡的国民收入值为 Y_e,均衡物价总水平为 P_e。

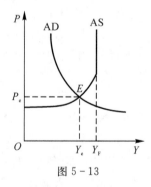

图 5-13

二、均衡的变化

从以上分析可以看到,物价总水平的均衡值由总需求、总供给的均衡来决定,那么物价总水平的均衡值的变化也将由决定其均衡的总需求和总供给的均衡的变化来决定。进行总需求和总供给均衡变化的分析,对后续物价总水平变化的分析意义明显。

(一) 决定均衡变化的因素

总需求-总供给模型为

$$\begin{cases} S_a + sY = I_a + I(r) \\ kY + h(r) = \dfrac{M_s}{P} \\ Y' = \dfrac{W}{P} \\ Y = Y(N) + \varepsilon \end{cases}$$

四个式子简单移项后,对等号两边分别进行微分,并整理,得

$$\begin{cases} s\,dY - I_r\,dr = dI_a - dS_a \\ k\,dY + h_r\,dr + \dfrac{M_s}{P^2}dP = \dfrac{dM_s}{P} \\ Y''dN + \dfrac{W}{P^2}dP = \dfrac{dW}{P} \\ dY - Y'dN = d\varepsilon \end{cases}$$

用克莱姆法则解此微分方程,得

$$\Delta = \begin{vmatrix} s & -I_r & 0 & 0 \\ k & h_r & 0 & \dfrac{M_s}{P^2} \\ 0 & 0 & Y'' & \dfrac{W}{P^2} \\ 1 & 0 & -Y' & 0 \end{vmatrix}$$

展开后,得

$$\Delta = \frac{1}{P^2}(sh_rY'W + kI_rY'W - I_rY''M_s)$$

当 $0 < Y < Y_F$ 时,因为

$$Y'' \leqslant 0, Y' > 0, I_r < 0, h_r < 0$$

所以

$$\Delta = \begin{vmatrix} dI_a - dS_a & -I_r & 0 & 0 \\ \dfrac{dM_s}{P} & h_r & 0 & \dfrac{M_s}{P^2} \\ \dfrac{dW}{P} & 0 & Y'' & \dfrac{W}{P^2} \\ d\varepsilon & 0 & -Y' & 0 \end{vmatrix}$$

展开后,得

$$\Delta Y = \frac{1}{P^2}\left(WY'h_r dI_a + WY'I_r \frac{dM_s}{P} - WY'h_r dS_a - M_s I_r Y' \frac{dW}{P} - M_s I_r Y'' d\varepsilon\right)$$

$$dY = \frac{\Delta Y}{\Delta} = \frac{1}{\Delta P^2}\left(WY'h_r dI_a + WY'I_r \frac{dM_s}{P} - WY'h_r dS_a - M_s I_r Y' \frac{dW}{P} - M_s I_r Y'' d\varepsilon\right)$$

由上式可以看出，引起均衡国民收入变化的因素有自发投资支出 I_a 的变化、自发储蓄 S_a 的变化、货币供给 M_s 的变化、货币工资率 W 的变化以及技术水平 ε 的变化。其中，自发投资支出 I_a、自发储蓄 S_a 和货币供给 M_s 属于总需求方面的因素，货币工资率 W 和技术水平 ε 属于总供给方面的因素。下面分别进行具体分析。

(二) 五种因素变化对均衡的影响分析

1. 自发投资支出变化对均衡的影响

由

$$dY = \frac{\Delta Y}{\Delta} = \frac{1}{\Delta P^2}\left(WY'h_r dI_a + WY'I_r \frac{dM_s}{P} - WY'h_r dS_a - M_s I_r Y' \frac{dW}{P} - M_s I_r Y'' d\varepsilon\right)$$

可得

$$\frac{\partial Y}{\partial I_a} = \frac{WY'hr}{sh_r Y'W + kI_r Y'W - I_r Y'' M_s}$$

当 $0 < Y < Y_F$ 时，因为

$$Y'' \leqslant 0, Y' > 0, I_r < 0, h_r < 0$$

所以

$$\frac{\partial Y}{\partial I_a} > 0$$

由此可知，均衡国民收入与自发性投资支出正相关。自发性投资支出增加，均衡国民收入增加，反之，则减少。

这一分析过程也可以用几何法进行，如图 5-14 所示。

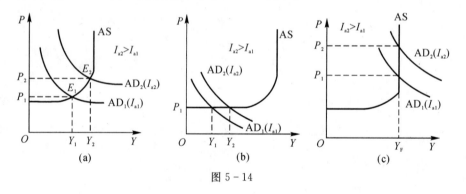

图 5-14

由图 5-14 可知，当自发性投资支出为 I_{a1} 时，总需求曲线为 $AD_1(I_{a1})$，均衡点为 E_1，均衡国民收入为 Y_1，物价总水平为 P_1；当自发性投资支出增加到 I_{a2} 时，总需求曲线向上移动到 $AD_2(I_{a2})$，均衡点为 E_2，均衡国民收入增加到 Y_2，均衡物价总水平增加到 P_2。在凯恩斯阶段，自发性投资支出增加引起总需求曲线上移只会引起国民收入的增加，物价总水平保持不变；而在古典阶段，随着自发性投资增加引起总需求曲线上移，因为国民收入已经为充分就业值，不再增加，物价总水平上升。

2. 自发性储蓄变化对均衡的影响

由

$$dY = \frac{\Delta Y}{\Delta}$$

$$= \frac{1}{\Delta P^2}\left(WY'h_r dI_a + WY'I_r \frac{dM_s}{P} - WY'h_r dS_a - M_s I_r Y' \frac{dW}{P} - M_s I_r Y'' d\varepsilon\right)$$

可得

$$\frac{\partial Y}{\partial S_a} = \frac{-WY'hr}{sh_r Y'W + kI_r Y'W - I_r Y'' M_s}$$

当 $0 < Y < Y_F$ 时，因为

$$Y'' \leqslant 0, Y' > 0, I_r < 0, h_r < 0$$

所以

$$\frac{\partial Y}{\partial S_a} < 0$$

由此可知，均衡国民收入与自发性储蓄负相关。自发性储蓄减少，均衡国民收入增加，反之，则相反。

这一分析过程可以用几何法进行，如图 5-15 所示，当自发性储蓄为 S_{a1} 时，总需求曲线为 $AD_1(S_{a1})$，均衡点为 E_1，均衡国民收入为 Y_1，物价总水平为 P_1，当自发性储蓄减少到 S_{a2} 时，总需求曲线向上移动到 $AD_2(S_{a2})$，均衡点为 E_2，均衡国民收入增加到 Y_2，均衡物价总水平增加到 P_2。在凯恩斯阶段，自发性储蓄减少引起的总需求曲线的上移只会引起国民收入的增加，物价总水平保持不变；而在古典阶段，随着自发性储蓄减少引起的总需求曲线的上移，因为国民收入已经为充分就业值而不再增加，所以物价总水平上升。

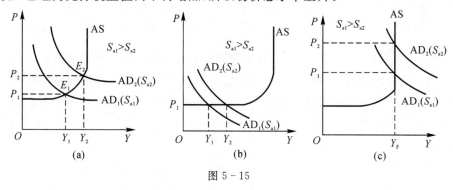

图 5-15

3. 货币供给量变化对均衡的影响

由

$$dY = \frac{\Delta Y}{\Delta}$$

$$= \frac{1}{\Delta P^2}\left(WY'h_r dI_a + WY'I_r \frac{dM_s}{P} - WY'h_r dS_a - M_s I_r Y' \frac{dW}{P} - M_s I_r Y'' d\varepsilon\right)$$

可得

$$\frac{\partial Y}{\partial M_s} = \frac{WI_rY'}{P(sh_rY'W + kI_rY'W - I_rY''M_s)}$$

当 $0 < Y < Y_F$ 时,因为

$$Y'' \leqslant 0, Y' > 0, I_r < 0, h_r < 0$$

所以

$$\frac{\partial Y}{\partial M_s} > 0$$

由此可知,均衡国民收入与货币供给量正相关,货币供给量增加,均衡国民收入增加,反之,则减少。

这一分析过程可以用几何法进行,如图 5-16 所示,当货币供给量为 M_{s1} 时,总需求曲线为 $AD_1(M_{s1})$,均衡点为 E_1,均衡国民收入为 Y_1,物价总水平为 P_1,当货币供给量增加到 M_{s2} 时,总需求曲线向上移动到 $AD_2(M_{s2})$,均衡点为 E_2,均衡国民收入增加到 Y_2,均衡物价总水平增加到 P_2。 在凯恩斯阶段,货币供给量增加引起的总需求曲线的上移只会引起国民收入的增加,物价总水平保持不变;而在古典阶段,随着货币供给量增加引起的总需求曲线的上移,因为国民收入已经为充分就业而不再增加,所以物价总水平上升。

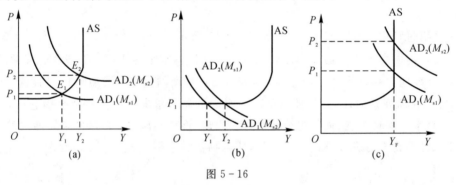

图 5-16

从以上分析可以看出,自发性投资、自发性储蓄和货币供给的变化都会引起总需求曲线的移动,进而引起均衡的变化,但事实上,三者变化引起的总需求曲线移动是有所不同的。具体来说,自发性投资和自发性储蓄的变化引起总需求曲线的移动是通过产品市场 IS 曲线的变化完成的,而货币供给量变化引起的总需求曲线的移动则是通过货币市场 LM 曲线来完成的。

4.货币工资率变化对均衡的影响

由

$$dY = \frac{\Delta Y}{\Delta}$$
$$= \frac{1}{\Delta P^2}\left(WY'h_r dI_a + WY'I_r \frac{dM_s}{P} - WY'h_r dS_a - M_sI_rY'\frac{dW}{P} - M_sI_rY''d\varepsilon\right)$$

可得

$$\frac{\partial Y}{\partial W} = \frac{-WI_rY'}{P(sh_rY'W + kI_rY'W - I_rY''M_s)}$$

当 $0 < Y < Y_F$ 时,因为

$$Y'' \leqslant 0, Y' > 0, I_r < 0, h_r < 0$$

所以

$$\frac{\partial Y}{\partial W} < 0$$

由此可知,均衡国民收入与货币工资率负相关,货币工资率增加,均衡国民收入下降;反之,则相反。但因为凯恩斯主义认为货币工资率只能上升,不能下降,所以货币工资率下降引起的国民收入上升的情况是不存在的。

这一分析过程可以用几何法进行,如图 5 - 17 所示,当货币工资率为 W_1 时,总供给曲线为 $AS_1(W_1)$,均衡点为 E_1,均衡国民收入为 Y_1,物价总水平为 P_1,当货币工资率上升到 W_2 时,总供给曲线向上移动到 $AS_2(W_2)$,均衡点为 E_2,均衡国民收入减少到 Y_2,均衡物价总水平增加到 P_2。

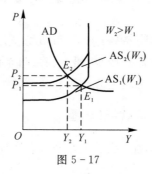

图 5 - 17

5. 技术水平变化对均衡的影响

由

$$dY = \frac{\Delta Y}{\Delta}$$

$$= \frac{1}{\Delta P^2}\left(WY'h_r dI_a + WY'I_r \frac{dM_s}{P} - WY'h_r dS_a - M_s I_r Y' \frac{dW}{P} - M_s I_r Y'' d\varepsilon\right)$$

可得

$$\frac{\partial Y}{\partial \varepsilon} = \frac{-WI_r Y''}{sh_r Y'W + kI_r Y'W - I_r Y'' M_s}$$

当 $0 < Y < Y_F$ 时,因为

$$Y'' \leqslant 0, Y' > 0, I_r < 0, h_r < 0$$

所以

$$\frac{\partial Y}{\partial \varepsilon} > 0$$

由此可见,技术水平与均衡国民收入正相关。技术水平提高,均衡国民收入增加;反之,则减少。

这一分析过程可以用几何法进行,如图 5 - 18 所示,当技术水平为 ε_1 时,总供给曲线为 $AS_1(\varepsilon_1)$,均衡点为 E_1,均衡国民收入为 Y_1,物价总水平为 P_1,当技术水平上升到 ε_2 时,总供

给曲线移动到 $AS_2(\varepsilon_2)$，均衡点为 E_2，均衡国民收入减少到 Y_2，均衡物价总水平增加到 P_2。

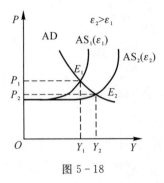

图 5-18

第四节 财政政策与货币政策

上述三节的总需求、总供给决定产品市场、货币市场和劳动力市场均衡是在无政府参与的两部门条件下进行的。本节将导入政府政策，研究三部门条件下总需求、总供给是如何决定三个市场均衡的，在此基础上，进一步分析财政政策和货币政策的政策效应。

一、包括政府作用的总需求、总供给模型

回顾之前讲到的包括政府作用的产品和货币市场均衡模型为

$$\begin{cases} sY - I(r) = I_a - S_a - cT + G \\ kY + h(r) = \dfrac{M_s}{P} \end{cases}$$

对等式两边分别进行微分，并简单移项，得

$$\begin{cases} s\,dY - I_r\,dr = dI_a - dS_a - c\,dT + dG \\ k\,dY + h_r\,dr = \dfrac{dM_s}{P} - \dfrac{M_s}{P^2}dP \end{cases}$$

用克莱姆法则解此微分方程，则有

$$\Delta P^2 = \begin{vmatrix} s & -I_r \\ k & h_r \end{vmatrix} = sh_r + kI_r$$

$$\Delta Y = \begin{vmatrix} dI_a - dS_a - cdT + dG & -I_r \\ \dfrac{dM_s}{P} - \dfrac{M_s}{P^2}dP & h_r \end{vmatrix}$$

$$= h_r(dI_a - dS_a - cdT + dG) + I_r\left(\dfrac{dM_s}{P} - \dfrac{M_s}{P^2}dP\right)$$

$$dY = \dfrac{\Delta Y}{Y}$$

$$= \dfrac{h_r(dI_a - dS_a - cdT + dG) + I_r\left(\dfrac{dM_s}{P} - \dfrac{M_s}{P^2}dP\right)}{sh_r + kI_r}$$

(1) 国民收入对物价总水平求一阶偏导，得

$$\frac{\partial Y}{\partial P} = \frac{-I_r M_s}{(sh_r + kI_r)P^2}$$

因为

$$I_r < 0, h_r < 0$$

所以

$$\frac{\partial Y}{\partial P} < 0$$

这就是三部门条件下的总需求函数。可以看出，在三部门条件下，国民收入与物价总水平负相关，总需求曲线向下倾斜。

(2) 国民收入对政府购买支出求一阶偏导，得

$$\frac{\partial Y}{\partial G} = \frac{h_r}{sh_r + kI_r}$$

因为

$$I_r < 0, h_r < 0$$

所以

$$\frac{\partial Y}{\partial G} > 0$$

这是政府购买支出与国民收入的关系。可以看出，政府购买支出与国民收入正相关，政府购买支出增加，国民收入增加；反之，则相反。政府购买支出与国民收入的这种正相关关系表现为总需求曲线的移动。具体来说，政府购买支出增加，总需求曲线向上移动；政府购买支出减少，总需求曲线向下移动。

政府购买支出与国民收入的关系如图 5-19 所示，当政府支出从 G_0 增加到 G_1 时，总需求曲线从 $AD_0(G_0)$ 的位置向上移动到 $AD_1(G_1)$，当政府支出从 G_0 减少到 G_2 时，总需求曲线则由 $AD_0(G_0)$ 下移到 $AD_2(G_2)$。

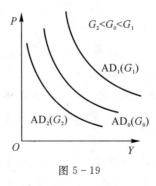

图 5-19

(3) 国民收入对税收求一阶偏导，得

$$\frac{\partial Y}{\partial T} = \frac{-ch_r}{sh_r + kI_r}$$

因为

$$I_r<0, h_r<0$$

所以

$$\frac{\partial Y}{\partial T}<0$$

这是税收与国民收入的关系。可以看出,税收与国民收入负相关,税收增加,国民收入减少;反之,则相反。税收与国民收入的这种负相关表现为总需求曲线的移动。具体来说,税收增加,总需求曲线向下移动;税收减少,总需求曲线向上移动。

税收与国民收入之间的关系如图 5-20 所示,当税收从 T_0 增加到 T_1 时,总需求曲线从 $AD_0(T_0)$ 的位置向下移动到 $AD_1(T_1)$,当税收从 T_0 减少到 T_2 时,总需求曲线由 $AD_0(G_0)$ 向上移动到 $AD_2(T_2)$。

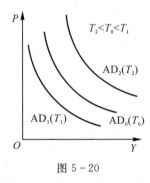

图 5-20

(4)国民收入对名义货币供给量求一阶偏导,得

$$\frac{\partial Y}{\partial M_s}=\frac{I_r}{P(sh_r+kI_r)}$$

因为

$$I_r<0, h_r<0$$

所以

$$\frac{\partial Y}{\partial M_s}>0$$

这是名义货币供给量与国民收入的关系。可以看出,名义货币供给量与国民收入正相关,名义货币供给量增加,国民收入增加;反之,则相反。名义货币供给量与国民收入的这种正相关表现为总需求曲线的移动。具体来说,名义货币供给量增加,总需求曲线向上移动,名义货币供给量减少,总需求曲线向下移动。名义货币供给量与国民收入的这种关系与不包括政府作用时完全相同。

名义货币供给量与国民收入的关系如图 5-21 所示,当名义货币供给量从 M_0 增加到 M_1 时,总需求曲线从 $AD_0(M_0)$ 的位置向右移动到 $AD_1(M_1)$,当名义货币供给量从 M_0 减少到 M_2 时,总需求曲线则由 $AD_0(M_0)$ 左移到 $AD_2(M_2)$。

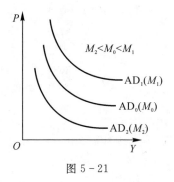

图 5-21

三部门条件下的总供给函数与两部门条件下的总供给函数完全相同,不再重复。

二、财政政策与货币政策

回顾三部门条件下的总需求-总供给模型为

$$\begin{cases} sY - I(r) = -S_a + I_a + G - cT \\ kY + h(r) = \dfrac{M_s}{P} \\ Y' = \dfrac{W}{P} \\ Y = Y(N) + \varepsilon \end{cases}$$

对等式两边分别微分,得

$$\begin{cases} s\,dY - I_r\,dr = -dS_a + dI_a + dG - c\,dT \\ k\,dY + h_r\,dr = \dfrac{dM_s}{P} - \dfrac{M_s}{P^2}dP \\ Y''dN = \dfrac{dW}{P} - \dfrac{W}{P^2}dP \\ dY = Y'dN + d\varepsilon \end{cases}$$

整理得

$$\begin{cases} s\,dY - I_r\,dr = -dS_a + dI_a + dG - c\,dT \\ k\,dY + h_r\,dr + \dfrac{M_s}{P^2}dP = \dfrac{dM_s}{P} \\ Y''dN + \dfrac{W}{P^2}dP = \dfrac{dW}{P} \\ dY - Y'dN = d\varepsilon \end{cases}$$

用克莱姆法则解此微分方程组,得

$$\Delta = \begin{vmatrix} s & -I_r & 0 & 0 \\ k & h_r & 0 & \dfrac{M_s}{P} \\ 0 & 0 & Y'' & \dfrac{W}{P^2} \\ 1 & 0 & -Y' & 0 \end{vmatrix} = \dfrac{1}{P^2}(sh_rY'W + kI_rY'W - I_rY''M_s)$$

$$\Delta Y = \begin{vmatrix} \mathrm{d}I_a - \mathrm{d}S_a - c\mathrm{d}T + \mathrm{d}G & -I_r & 0 & 0 \\ \dfrac{\mathrm{d}M_s}{P} & h_r & 0 & \dfrac{M_s}{P} \\ \dfrac{\mathrm{d}W}{P} & 0 & Y'' & \dfrac{W}{P^2} \\ \mathrm{d}\varepsilon & 0 & -Y' & 0 \end{vmatrix}$$

$$= \frac{1}{P^2}\left[-M_s Y'' I_r \mathrm{d}\varepsilon - M_s Y' I_r \frac{\mathrm{d}W}{P} + WY' I_r \frac{\mathrm{d}M_s}{P} + (\mathrm{d}I_a - \mathrm{d}S_a - c\mathrm{d}T + \mathrm{d}G)WY'h_r\right]$$

$$\mathrm{d}Y = \frac{\Delta Y}{\Delta}$$

$$= \frac{-M_s Y'' I_r \mathrm{d}\varepsilon - M_s Y' I_r \dfrac{\mathrm{d}W}{P} + WY' I_r \dfrac{\mathrm{d}M_s}{P}}{kI_r Y'W + sh_r Y'W - I_r Y'' M_s} + \frac{(\mathrm{d}I_a - \mathrm{d}S_a - c\mathrm{d}T + \mathrm{d}G)WY'h_r}{kI_r Y'W + sh_r Y'W - I_r Y'' M_s}$$

$$\Delta P = \begin{vmatrix} s & -I_r & 0 & \mathrm{d}I_a - \mathrm{d}S_a - c\mathrm{d}T + \mathrm{d}G \\ k & h_r & 0 & \dfrac{\mathrm{d}M_s}{P} \\ 0 & 0 & Y'' & \dfrac{\mathrm{d}W}{P} \\ 1 & 0 & -Y' & \mathrm{d}\varepsilon \end{vmatrix}$$

$$= Y''(sh_r + kI_r)\mathrm{d}\varepsilon + Y'(sh_r + kI_r)\frac{\mathrm{d}W}{P} - Y'' I_r \frac{\mathrm{d}M_s}{P} - Y''h_r(\mathrm{d}I_a - \mathrm{d}S_a - c\mathrm{d}T + \mathrm{d}G)$$

$$\mathrm{d}P = \frac{\Delta P}{\Delta}$$

$$= \frac{Y''(sh_r + kI_r)\mathrm{d}\varepsilon + Y'(sh_r + kI_r)\dfrac{\mathrm{d}W}{P} - Y'' I_r \dfrac{\mathrm{d}M_s}{P} - Y''h_r(\mathrm{d}I_a - \mathrm{d}S_a - c\mathrm{d}T + \mathrm{d}G)}{kI_r Y'W + sh_r Y'W - I_r Y'' M_s}P^2$$

可以看出，政府购买支出、税收和货币供给都会引起国民收入与物价总水平的变化。下面分别从财政政策性因素和货币政策性因素角度讨论，当这些因素变化的方向和力度确定时，由它们所引起的国民收入与物价总水平是如何变化的。

三、财政政策性因素

(一)政府购买支出的变化

由

$$\mathrm{d}Y = \frac{\Delta Y}{\Delta}$$

$$= \frac{-M_s Y'' I_r \mathrm{d}\varepsilon - M_s Y' I_r \dfrac{\mathrm{d}W}{P} + WY' I_r \dfrac{\mathrm{d}M_s}{P}}{kI_r Y'W + sh_r Y'W - I_r Y'' M_s} + \frac{(\mathrm{d}I_a - \mathrm{d}S_a - c\mathrm{d}T + \mathrm{d}G)WY'h_r}{kI_r Y'W + sh_r Y'W - I_r Y'' M_s}$$

可得

$$\frac{\partial Y}{\partial G} = \frac{WY'h_r}{kI_rY'W + sh_rY'W - I_rY''M_s}$$

当 $0 < Y < Y_F$ 时,因为
$$Y'' \leqslant 0, Y' > 0, I_r < 0, h_r < 0$$
所以
$$\frac{\partial Y}{\partial G} > 0$$

可以看出,政府购买支出与均衡国民收入正相关。政府购买支出增加,均衡国民收入增加;反之,则减少。其中
$$\frac{\partial Y}{\partial G} = \frac{WY'h_r}{kI_rY'W + sh_rY'W - I_rY''M_s}$$
为三个市场同时均衡时的政府支出乘数。

由
$$dP = \frac{\Delta P}{\Delta}$$
$$= \frac{Y''(sh_r + kI_r)d\varepsilon + Y'(sh_r + kI_r)\dfrac{dW}{P} - Y''I_r\dfrac{dM_s}{P} - Y''h_r(dI_a - dS_a - cdT + dG)}{kI_rY'W + sh_rY'W - I_rY''M_s} P^2$$

可得
$$\frac{\partial P}{\partial G} = \frac{-Y'h_r}{kI_rY'W + sh_rY'W - I_rY''M_s} P^2$$

当 $0 < Y < Y_F$ 时,因为
$$Y'' \leqslant 0, Y' > 0, I_r < 0, h_r < 0$$
所以
$$\frac{\partial P}{\partial G} > 0$$

可以看到,政府购买支出与物价总水平正相关。政府购买支出增加,物价总水平上升;反之,则下降。

以上分析过程也可以用几何方法进行,如图 5-22 所示,当政府购买支出为 G_1 时,总需求曲线为 $AD_1(G_1)$,与总供给曲线 AS 交于均衡点 E_1,决定了均衡国民收入为 Y_1,物价总水平为 P_1;当政府购买支出增加到 G_2 时,总需求曲线 $AD_1(G_1)$ 向上移动到 $AD_2(G_2)$,与总供给曲线 AS 交于均衡点 E_2,决定了均衡国民收入为 Y_2,物价总水平为 P_2。

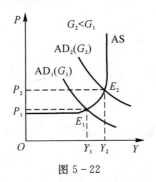

图 5-22

当然,当总供给曲线进入特殊阶段时,政府购买支出对均衡的影响也会表现出特殊性。如图 5-23 所示,当总供给曲线为凯恩斯阶段时,政府购买支出的增加只会引起均衡国民收入的增加,物价总水平保持不变;当总供给曲线为古典阶段时,国民收入达到充分就业的国民收入,政府购买支出增加只会引起物价总水平的上涨。

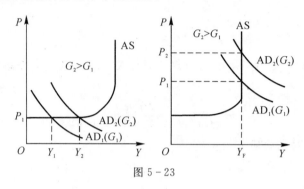

图 5-23

(二)税收的变化

由

$$dY = \frac{\Delta Y}{\Delta}$$

$$= \frac{-M_s Y'' I_r d\varepsilon - M_s Y' I_r \dfrac{dW}{P} + W Y' I_r \dfrac{dM_s}{P}}{kI_r Y'W + sh_r Y'W - I_r Y''M_s} + \frac{(dI_a - dS_a - cdT + dG)WY'h_r}{kI_r Y'W + sh_r Y'W - I_r Y''M_s}$$

可得

$$\frac{\partial Y}{\partial T} = \frac{-cWY'h_r}{kI_r Y'W + sh_r Y'W - I_r Y''M_s}$$

由

$$dP = \frac{\Delta P}{\Delta}$$

$$= \frac{Y''(sh_r + kI_r)d\varepsilon + Y'(sh_r + kI_r)\dfrac{dW}{P} - Y''I_r \dfrac{dM_s}{P} - Y''h_r(dI_a - dS_a - cdT + dG)}{kI_r Y'W + sh_r Y'W - I_r Y''M_s}P^2$$

可得

$$\frac{\partial P}{\partial T} = \frac{cY''h_r}{kI_r Y'W + sh_r Y'W - I_r Y''M_s}P^2$$

当 $0 < Y < Y_F$ 时,因为

$$Y'' \leqslant 0, Y' > 0, I_r < 0, h_r < 0$$

所以

$$\frac{\partial Y}{\partial T} < 0, \frac{\partial P}{\partial T} < 0$$

可以看到,税收与均衡国民收入负相关,与物价总水平负相关。税收增加,均衡国民收入

减少,物价总水平下降;反之,则相反。

以上分析过程也可以用几何方法进行,如图 5-24 所示,当税收为 T_1 时,总需求曲线为 $AD_1(T_1)$,与总供给曲线 AS 交于均衡点 E_1,决定了均衡国民收入为 Y_1,物价总水平为 P_1;当税收增加到 T_2 时,总需求曲线 $AD_1(T_1)$ 向下移动到 $AD_2(T_2)$,与总供给曲线 AS 交于均衡点 E_2,决定了均衡国民收入为 Y_2,物价总水平为 P_2。

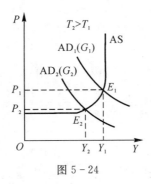

图 5-24

当然,当总供给曲线进入特殊阶段时,税收对均衡的影响也会表现出特殊性。如图 5-25 所示,当总供给曲线为凯恩斯阶段时,税收的增加只会引起均衡国民收入的减少,物价总水平保持不变;当总供给曲线为古典阶段时,国民收入达到充分就业的国民收入,政府购买支出增加只会引起物价总水平的下降。

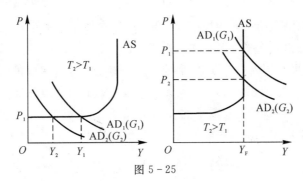

图 5-25

四、货币政策性因素

这里就讨论货币供给量的变化所引起的国民收入与物价总水平的变化。

由

$$dY = \frac{\Delta Y}{\Delta}$$

$$= \frac{-M_s Y'' I_r d\varepsilon - M_s Y' I_r \dfrac{dW}{P} + W Y' I_r \dfrac{dM_s}{P}}{k I_r Y' W + s h_r Y' W - I_r Y'' M_s} + \frac{(dI_a - dS_a - c dT + dG) W Y' h_r}{k I_r Y' W + s h_r Y' W - I_r Y'' M_s}$$

可得

$$\frac{\partial Y}{\partial M_s} = \frac{W I_r Y'}{P(k I_r Y' W + s h_r Y' W - I_r Y'' M_s)}$$

当 $0 < Y < Y_F$ 时,因为

$$Y'' \leqslant 0, Y' > 0, I_r < 0, h_r < 0$$

所以

$$\frac{\partial Y}{\partial M_s} > 0$$

由

$$dP = \frac{\Delta P}{\Delta}$$

$$= \frac{Y''(sh_r + kI_r)d\varepsilon + Y'(sh_r + kI_r)\dfrac{dW}{P} - Y''I_r\dfrac{dM_s}{P} - Y''h_r(dI_a - dS_a - cdT + dG)}{kI_rY'W + sh_rY'W - I_rY''M_s} P^2$$

可得

$$\frac{\partial P}{\partial M_s} = \frac{-Y''I_r}{P(kI_rY'W + sh_rY'W - I_rY''M_s)}$$

当 $0 < Y < Y_F$ 时,因为

$$Y'' \leqslant 0, Y' > 0, I_r < 0, h_r < 0$$

所以

$$\frac{\partial P}{\partial M_s} > 0$$

可以看出,货币供给量与均衡国民收入正相关,与物价总水平正相关。货币供给量增加,均衡国民收入增加,物价总水平上升;反之,则降低。

以上分析过程也可以用几何方法进行,如图 5-26 所示,当货币供给量为 M_1 时,总需求曲线为 $AD_1(M_1)$,与总供给曲线 AS 交于均衡点 E_1,决定了均衡国民收入为 Y_1,物价总水平为 P_1;当货币供给量增加到 M_2 时,总需求曲线 $AD_1(M_1)$ 向上移动到 $AD_2(M_2)$,与总供给曲线 AS 交于均衡点 E_2,决定了均衡国民收入为 Y_2,物价总水平为 P_2。

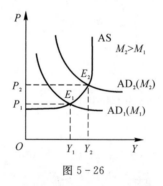

图 5-26

当总供给曲线进入特殊阶段时,货币供给量对均衡的影响也会表现出特殊性。如图 5-27 所示,当总供给曲线为古典阶段时,货币供给量的增加只会引起物价总水平的上升,均衡国民收入保持不变。

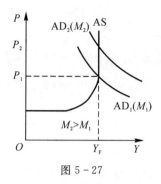

图 5-27

从以上分析可以发现,财政政策性因素和货币政策性因素都是通过总需求曲线的移动继而引起均衡国民收入和物价总水平变化的。不同的是,财政政策性因素是促成 IS 曲线的移动继而引起总需求曲线变化的,货币政策性因素则是促成 LM 曲线的移动继而引起总需求曲线变化的。

本 章 小 结

本章的研究对象:国民收入及其决定和变化;使用的方法:AD-AS 方法;
涉及的市场:产品、货币市场和劳动力。
考虑到该模型的难度,本章只涉及两个部门。
为了使理论和实践更为靠近,本章剔除物价总水平不变的假设。
作为一个新的变量,物价总水平是通过影响货币供给量,完成货币供给量的名义值和实际值的转化切入 IS-LM 模型,从而精进了 IS-LM 模型。精进后的 IS-LM 模型包含了三个内生变量,分别是国民收入、利率和物价总水平。梳理出物价总水平和国民收入之间的关系,这就是 AD 模型的生成。

到此为止,前述章节都只考虑和关注到作用于经济机体的一个方向的力,总需求的变化和构成对经济机体的影响,属于短期分析。从长期看,与总需求抗衡的总供给对经济机体的作用是不可忽视的,这是总供给 AS 模型构筑的必要性。

从供给角度审视经济体,就会涉及生产(函数)。涉及生产(函数),就必然会涉及生产要素市场,包括劳动力市场。物价总水平通过影响劳动力市场上的工资,并完成名义工资和实际工资的转化作用到就业水平,继而作用到总供给,就是总供给 AS 模型的生成。

作为两个作用到经济机体的力,总供给和总需求不分彼此,互为条件。将 AD 与 AS 联立,就是 AD-AS 模型的生成。

与 IS-LM 模型相比,AD-AS 模型考虑到了物价总水平的变化,更为精致。该模型虽然涉及物价总水平,但研究对象依然是国民收入。如果将物价总水平作为研究对象,解释并达到对其变化的控制,那么本章的模型是否有意义呢?这是下一章的任务。

第六章 物价总水平上涨与失业理论
——暗含的逻辑魅力

✿ 教学内容

物价总水平上涨与失业是宏观经济中最令人困惑、争议最多的问题,通常被认为是宏观经济运行中的一种病态。因此,它们是西方经济学者研究的重点。稳定物价水平和降低失业率是政府宏观经济政策的主要目标,也是经济运行状况和运行质量的重要指示器。因此,通货膨胀与失业理论以国民收入决定理论为研究前提,重点分析通货膨胀与失业的成因及其相互影响的规律性,从而为制定保持经济稳定增长的宏观政策提供理论基础。

✿ 教学目的

> **思政引领**:感受内容融贯之后逻辑的美丽,激发学生对逻辑学的热爱。
> **知识传授**:掌握物价总水平上涨的机理与基于物价决定理论的物价变化,掌握失业的分类与治理。
> **思维培养**:培养逻辑思维能力以及初步诊断物价及失业的能力。

与前述章节不同,本章的研究对象是物价总水平。通过 AD-AS 模型可以看到,一个国家或社会的物价总水平是由总需求和总供给共同决定的,那么当决定物价总水平的总需求或总供给发生变化时,由它们决定的物价总水平就会发生变化。

依据上一章总需求曲线的生成,总需求的变化包括产品市场上 IS 曲线的变化和货币市场上 LM 曲线的变化,因此,IS 曲线和 LM 曲线的变化都可以通过影响总需求继而影响物价总水平。

依据上一章总供给曲线的生成,货币工资水平的变化可以引起总供给曲线的变化,继而引起物价总水平的变化。

第一节 物价总水平上涨基础知识

一、物价总水平上涨的度量与分类

物价总水平上涨的程度一般用物价总水平上涨率来表示,则有

$$物价总水平上涨率 = \frac{P_t - P_{t-1}}{P_{t-1}}$$

也可以写作

$$物价总水平上涨率 = \frac{I_t - I_{t-1}}{I_{t-1}}$$

其中,P_t 和 P_{t-1} 分别表示第 t 期和第 $t-1$ 的物价总水平,I_t 和 I_{t-1} 分别表示第 t 期和第 $t-1$ 期的价格指数。根据之前对物价总水平和价格指数的定义,这两个公式是相同的。

根据物价总水平上涨率的大小,物价总水平可以分为以下几种:

(1)爬行的物价总水平上涨,指的是物价总水平上涨率不超过2%~4%。特点是通货膨胀率低而且比较稳定。

(2)温和的物价总水平上涨,指的是物价总水平上涨率为4%~10%。特点是通货膨胀率不高,人们对物价的上涨有所反应。

(3)奔腾的物价总水平上涨,指的是物价总水平上涨率达到10%~100%。特点是通货膨胀率较高,人们对物价的上涨有较强反应。

(4)恶性物价总水平上涨,指的是物价总水平上涨率超过了100%。特点是物价总水平上涨率非常高,而且完全失去了控制。

二、物价总水平上涨的影响

关于物价总水平上涨是否在短期内引起国民收入变化,在长期内是否刺激经济增长,理论界一直争论不休。但比较肯定的是,物价总水平的上涨引起了财富和收入的重新分配,而且,物价总水平上涨引起的收入再分配是无法预期的,是无序的。

物价总水平上涨的收入分配效应指的是物价总水平上涨引起的收入再分配。由于社会各阶层的收入来源不同,物价总水平上涨对收入水平的影响也不同。具体来说,物价总水平上涨后,固定收入主体的收入调整会滞后于物价水平,从而使得收入主体的实际收入减少;而对于非固定收入主体,由于能够及时调整其收入,物价总水平的上涨可能使其从中受益。此外,物价总水平的上涨对储蓄主体也不利,伴随着物价总水平的上涨,存款的实际价格和购买力会下降,那些在银行中有大量存款的人会受到严重打击。

正因为此,西方经济学认为,虽然在资本主义社会无法消除物价总水平的上涨,但抑制物价总水平的上涨却是每一个有效政府的必须目标。要抑制物价总水平上涨,就要搞清楚其上涨的原因。前面已经说明,物价总水平由总需求和总供给同时决定,所以,任何原因引起的总需求和总供给的变化都会引起其决定的物价总水平的变化。

第二节 需求拉动型物价总水平上涨理论

如果物价总水平上涨的原因是引起总需求方面变化的因素,就把这种物价总水平上涨称为需求拉动型物价总水平上涨,如图6-1所示,当总需求曲线由 AD_1 移动到 AD_2 时,它与总供给曲线 AS 的交点由 E_1 调整到 E_2,物价总水平由 P_1 上升到 P_2,因为物价总水平上涨是总需求的增加引起的,所以叫作需求拉动型物价总水平上涨。

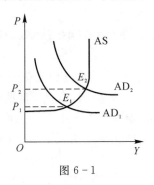

图6-1

引起总需求曲线向上移动的原因,又可以具体地分为产品市场上 IS 曲线移动的原因,如投资、消费(储蓄)、政府支出和税收等,以及货币市场上 LM 曲线移动的原因,如货币供给量。

一、IS 曲线移动引起的物价总水平上涨

前面的相关分析已经说明,投资支出增加、消费支出增加(储蓄减少)、政府支出增加,以及税收减少都可以引起 IS 曲线的移动,进而因为总需求曲线向上移动,在总供给不变的条件下,引起物价总水平的上涨。

需要强调的是,在货币供给量不变的条件下,实际因素引起的物价总水平的上涨不会长期持续,是存在上涨限度的。上涨限度产生的原因在于这些实际因素在引起国民收入变化的同时引起了利息率的变化,并最终抑制了物价总水平的上涨。

在 IS-LM 模型中已经介绍过,在货币供给量不变的情况下,投资支出增加、消费支出增加,储蓄减少、政府支出增加或税收减少,在使得均衡国民收入增加的同时,会让均衡利息率上升。一方面,利息率上升会使投资减少、总需求减少,抑制物价总水平上涨;另一方面,利息率上升会使货币的投机性需求减少,在货币供给量不变的条件下,引起货币的交易需求增加,从而使得总需求增加、物价总水平上涨。但是,当利息率的不断上升使得投机性货币需求减少到零时,全部货币用于交易需求,随后,利息率上升的同时交易货币需求不再增加,物价总水平不再上涨。故而,在货币供给量不变的条件下,实际因素引起的需求拉动型物价总水平上涨存在限度。但是,当实际因素增加的同时,货币供给量也增加,这个限度就会被打破。这是因为货币供给量的增加不但会弥补实际因素引起的利息率上升,而且保证了物价总水平上涨所需要的交易货币。

既然实际因素引起物价总水平上涨是因为其引起了总需求的增加,那么只要减少总需求,就能够抑制物价总水平的上涨。减少总需求的政策有减少政府支出、增加税收的紧缩型财政政策。

二、LM 曲线移动引起的物价总水平上涨

前面的相关分析已经说明,货币供给量的增加在使得总需求曲线向上移动的同时,会引起物价总水平的上涨。与实际因素不同,货币因素引起的物价总水平的上涨是没有限度的,货币供给量不断增加,总需求曲线不断向上移动,物价总水平持续上涨。

既然货币因素引起物价总水平上涨是因为其引起了总需求的增加,那么只要减少总需求,就能够抑制物价总水平的上涨。减少总需求的政策有减少货币供给量的紧缩型货币政策。

第三节 供给推动型物价总水平上涨理论

如果物价总水平上涨的原因是引起总供给方面变化的因素,就把这种物价总水平上涨称为供给推动型物价总水平上涨,如图 6-2 所示,当总供给曲线由 AS_1 移动到 AS_2 时,它与总需求曲线 AD 的交点由 E_1 调整到 E_2,物价总水平由 P_1 上升到 P_2,因为物价总水平上涨是总供给的变化引起的,所以叫作供给推动型物价总水平上涨。

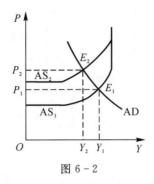

图 6-2

按照引起总供给曲线向上移动的原因,供给推动型物价总水平上涨又可以分为货币工资推动型、利润推动型、进口成本推动型物价总水平上涨。由于货币工资、利润和进口成本都属于成本内容,供给推动型物价总水平上涨又称成本推动型物价总水平上涨。

一、货币工资推动型物价总水平上涨

前面章节已经分析过,货币工资的提高可以使总供给曲线向上移动,从而使得国民收入减少、物价总水平上涨。如果货币工资不断提高,总供给曲线不断向上移动,物价总水平就会不断提高。这种因为货币工资的提高所引起的物价总水平上涨,叫作货币工资推动型物价总水平上涨。

货币工资推动型物价总水平上涨产生的原因是货币工资的提高,而货币工资之所以能提高,是因为劳动力市场的非完全竞争所导致的人为行为,譬如工会迫使的货币工资的提高。因此,劳动力市场的非完全竞争是货币工资推动型物价总水平上涨的条件。

如果货币工资和技术水平同时提高且满足一定条件,那么物价总水平就可以不上涨。前面章节已经说明,技术进步,也就是劳动生产率的提高使得总供给曲线向右移动,继而引起国民收入增加、物价总水平下降,这样可以抵消由于货币工资提高引起的物价总水平的上涨。因此,在货币工资提高的同时,如果技术水平,也就是劳动生产率同幅度提高,那么物价总水平就可以保持不变。换句话说,只有当货币工资的提高幅度小于劳动生产率的提高幅度时,物价总水平才会上涨。

货币工资推动型物价总水平上涨存在限度。前已述明,货币工资提高使得总供给曲线向上移动,在总需求曲线不变时,可引起物价总水平上涨、国民收入下降,从而增加失业。当失业增加到一定程度时,货币工资便不再增加,货币工资推动型物价总水平上涨便会停止,这就是单纯的货币工资推动型物价总水平上涨的限度。但是,如果在货币工资增加的同时,货币供给量同比例增加,那么这个限度就会被打破,如图 6-3 所示,货币工资的提高使得总供给曲线由 AS_1 上移到 AS_2,与总需求曲线 AD_1 的交点决定了物价总水平由 P_1 提高到 P_2,国民收入由 Y_1 减少到 Y_2,与之对应的失业构成一个限度,使得货币工资再无法提高,物价总水平也就不再上升。但若同时等比例增加货币供给量,则会引起总需求曲线由 AD_1 的位置向右上方移动到 AD_2 的位置,AS_2 与 AD_2 的交点是国民收入达到充分就业的均衡状态,货币工资又可以提高了。若提高的货币工资将总供给曲线推至 AS_3,则物价总水平会由 P_2 提高到 P_3,国民收入由 Y_2 减少到 Y_3。若货币供给量继续增加,则物价总水平继续上升。

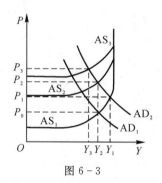

图 6-3

通过以上分析可知,抑制货币工资推进型物价总水平上涨不能使用紧缩型财政或货币政策,因为这两者都会减少总需求,从而使得国民收入降低、失业增加。

可以使用以下方法抑制该类型的物价总水平上涨:一是增强劳动力市场的竞争。前已述及,货币工资之所以能单方面提高,是因为强大的工会力量的介入对货币工资形成的人为垄断,因此,加强劳动力市场竞争,破除垄断,阻断货币工资上升通道。二是通过各种政策限制货币工资增长,使其增长率不超过技术水平的增长率。具体做法如下:政府和工会之间"协商恳谈";政府直接给出工资上涨率,并督促工会监督执行的"工资指导法";以法律形式强迫工会执行政府制定的货币工资增长率,即"工资管制",其极端形式是"工资冻结"。

二、利润推动型物价总水平上涨

在不完全竞争的市场上,具有垄断地位的厂商控制了产品的销售价格,从而提高价格以增加利润。这样,总供给曲线向上移动,在总需求不变的情况下,就会引起物价总水平上升、国民收入减少、失业增加的后果。这种物价总水平上涨是因为生产者要获得更多的利润,所以称为利润推动型物价总水平上涨。

利润推动型物价总水平上涨产生的条件是产品市场的非完全竞争导致厂商对价格的垄断。

抑制利润推动型物价总水平上涨,可以使用以下方法:一是市场政策。通过促进市场竞争,减少垄断,让厂商不能随意提高价格。二是收入政策。通过各种手段限制利润增长。三是价格政策。可以通过各种政策限制厂商提高价格。具体做法如下:政府和厂商之间"协商恳谈",劝导其限制价格上涨;政府直接给出价格上涨率,并督促工会监督执行的"价格指导法";以法律形式强迫厂商执行政府制定的价格增长率,即"价格管制",其极端形式是"冻结价格"。

三、进口成本推动型物价总水平上涨

假若 B 国进口 A 国的生产要素,那么当 A 国物价总水平上涨时,B 国的生产成本就会提高,从而使 B 国产生成本推动型物价总水平上涨。由此可见,物价总水平上涨可以进行国际传播。

四、结构型物价总水平上涨

除以上所讲的各种形式的物价总水平上涨之外,还有一种物价总水平上涨。严格来说,既不是需求拉动型,也不是供给推动型,而是总供给和总需求的内部结构发生了变化而导致的,

称为结构型物价总水平上涨。结构型物价总水平上涨产生的原因是资源流动刚性和价格下降刚性。

当总需求不变时,有的商品需求增加,有的商品需求减少。因为资源流动刚性,需求增加的产品,生产资源不能流入相应生产部门,其需求大于供给,价格上升;因为价格下降刚性,需求减少的商品,其价格并不能下降。这样,物价总水平将上涨。

当总成本不变时,有的商品成本提高,有的商品成本降低。成本提高的商品价格会上升,成本降低的商品,因为存在价格下降刚性,价格不会下降。这样,物价总水平将上涨。

结构型物价总水平上涨比较顽固,抑制其的政策是通过促进产品和要素市场的竞争,消除资源流动刚性和价格下降刚性。

第四节 混合型物价总水平上涨理论

物价总水平的上涨并不是单纯的需求拉动或供给推动,而是推中有拉,拉中有推,称为混合型物价总水平上涨。如图6-4所示,由于总需求的变化,总需求曲线由 AD_1 移动到 AD_2,当总供给曲线始终为 AS_1 时,物价总水平由 P_1 上升到 P_2,此时若总需求不再增加,但物价总水平的上涨诱发了生产成本的增加,从而使得总供给曲线由 AS_1 移动到 AS_2,物价总水平由 P_1 上升到 P_2,总供给曲线移动到 AS_3,物价总水平上升到 P_3,若总供给曲线不断移动,物价总水平将不断上升。

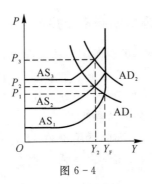

图 6-4

混合型物价总水平上涨的诱发力量是总需求的增加,带动了物价总水平上涨,进一步带动了总供给曲线不断向上移动,从而带动物价总水平不断上涨。

混合型物价总水平上涨主要有预期物价总水平上涨和惯性物价总水平上涨。

一、预期物价总水平上涨

预期物价总水平上涨具体可分为适应性预期和合理性预期。

所谓适应性预期,指的是厂商或工会以以往价格变化的经验来预期未来价格的变化,并以此确定自己的行为。总需求增加引起的需求拉动型物价总水平上涨持续一段时间后,厂商和工会就会以过去的物价总水平变化率的经验来预期未来的物价总水平上涨率,并以此为基础进行价格制定和工资谈判,即使总需求不再增加、物价总水平也不再上涨,厂商和工会依然会如此确定价格和工资变化,促成持续的成本推动型物价总水平上涨。

与"以过去经验"为判断依据的适应性预期不同,合理性预期是"向前看"的,指的是人们以政府或经济的一般状态来合乎理性、正确地预期物价总水平上涨率。例如,当政府使用扩张型财政政策来刺激经济时,人们就会准确地预期到随之而来的物价总水平上涨,并以此为依据调整行为,确定商品价格和工资水平,从而使政府的扩张型政策失效。政府为了刺激经济进一步使用扩张型政策,物价总水平便会进一步上涨。

二、惯性物价总水平上涨

有的时候,物价总水平上涨产生后,即使诱发它产生的原因不复存在,物价总水平仍会继续上涨,这就是所谓的惯性物价总水平上涨。惯性物价总水平上涨的原因是厂商和工会会密切关注相对商品价格和工资水平。物价总水平上涨后,厂商和工会注意到相邻的商品价格和工资都有所提高,于是以此为据,确定自己的商品价格和工资水平。若所有的厂商和工会都如此操作,竞相提高商品价格和工资水平,则物价总水平上涨就会持续下去。

惯性物价总水平上涨是最难抑制的。只有出现了严重的经济萧条时,厂商和工会才会自愿降低相对价格,惯性价格总水平上涨才会被抑制。

第五节 菲利普斯曲线:物价总水平上涨与失业的关系

失业与物价总水平上涨是宏观经济运行中的两个主要问题,这两者之间有什么关系呢?这是许多经济学家所关心的问题。不同学派的经济学家对这一问题做出了不同的回答。

一、凯恩斯的观点:失业与通货膨胀不会并存

凯恩斯认为,在未实现充分就业,即资源闲置的情况下,总需求的增加只会使国民收入增加,而不会引起物价水平上升。在实现充分就业后,即资源得到充分利用后,总需求的增加便无法使国民收入增加,而只会引起价格上升。也就是说,发生通货膨胀时,一定已经实现了充分就业。这种通货膨胀是需求拉动的通货膨胀。

凯恩斯对失业与通货膨胀关系的论述,适用于20世纪30年代经济大萧条时的情况,但并不符合战后各国的实际情况。因此,经济学家就试图对这一关系做出新的解释。

二、菲利普斯曲线:失业与通货膨胀之间的交替关系

1958年,菲利普斯根据英国1861—1957年间失业率和货币工资变动率的经验统计资料,提出了一条用以表示失业率和货币工资变动率之间负相关关系的曲线。这条曲线表明,当失业率较低时,货币工资增长率较高;反之,当失业率较高时,货币工资增长率较低,甚至是负数。图6-5中,横坐标表示失业率,纵坐标表示货币工资增长率,向下倾斜的曲线表示失业率和货币工资增长率之间的负相关关系,叫作菲利普斯曲线。失业率和货币工资增长率之间的这种负相关关系可以有两种解释。

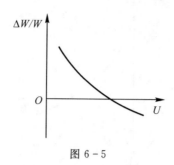

图 6-5

第一种解释以工会的存在为基础,逻辑如下:当经济繁荣、失业率低下时,劳动力市场对工会斗争形势有利,工会会要求较高的工资增长率,加之市场上产品的需求较旺、利润较大,厂商害怕罢工造成的损失,故而会答应工会对较高货币工资增长率的要求。当经济萧条、失业率较高时,劳动市场对工会斗争形势不利,工会不会提出提高货币工资率的要求,加之市场上产品的需求不旺、利润较小,厂商不太担心罢工造成的损失,故而会压低货币工资增长率。综上,货币工资增长率与失业率负相关。

第二种解释以劳动力超额需求为基础,逻辑如下:当劳动力市场存在劳动力超额需求,也就是劳动力市场的需求大于供给时,货币工资增长率与劳动力超额需求正相关,而失业率与劳动力超额需求负相关。因此,货币工资增长率与失业率负相关。

经济学家认为这两种解释在现实生活中是实际存在的。

三、发展了的菲利普斯曲线

总供给-总需求章节曾得出劳动力市场的均衡条件为

$$\frac{\partial Y}{\partial N} = \frac{W}{P}$$

如果用 MP 表示劳动力的边际产品 $\frac{\partial Y}{\partial N}$,则有

$$P = \frac{W}{\text{MP}}$$

由此得

$$\frac{\frac{dP}{dt}}{P} = \frac{\frac{dW}{dt}}{W} - \frac{\frac{d(\text{MP})}{dt}}{\text{MP}}$$

亦可写作

$$\frac{\Delta P}{P} = \frac{\Delta W}{W} - \frac{\Delta F}{F}$$

由此可见,物价总水平上涨率等于货币工资增长率减去劳动边际产品,即劳动生产率增长率。据此,对菲利普斯曲线纵轴作简单变换,可得如图 6-6 的图形。

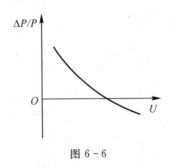

图 6-6

这就是发展了的菲利普斯曲线,用来表示物价总水平上涨率与失业率之间的负相关关系,由美国经济学家萨缪尔森和索洛于 1960 年在《达到并维持稳定的价格水平问题:反通货膨胀政策的分析》一文中提出,是对原始的菲利普斯曲线的重要发展。该曲线所表示的物价总水平上涨率和失业率之间的反向运动关系,为政府"相机抉择"政策的选择提供了重要依据,可以用高失业率换取低物价总水平上涨率,也可以以高物价总水平上涨率换取低失业率。经济政策是否有效,则取决于菲利普斯曲线的位置。如图 6-7 所示,$\left(\dfrac{\Delta P}{P}\right)_c$ 是社会可以接受的物价总水平上涨率上限,U_c 是社会可以接受的失业率上限,点 C 表示这两个上限。点 C 以下的菲利普斯曲线,如 A 线,表示政府对物价总水平和失业率的调节都是在社会可接受的范围之内,点 C 以下的菲利普斯曲线,如 B 线,若政府要将失业率调节至社会可接受的失业率上限 U_c,物价总水平就会大于 $\left(\dfrac{\Delta P}{P}\right)_c$,为社会不可接受;相反,若政府要将物价总水平调节至社会可接受的物价总水平上限 $\left(\dfrac{\Delta P}{P}\right)_c$,则失业率就会高于 U_c,为社会不可接受。随着菲利普斯曲线不断向上移动,政府调节经济的政策越来越受到限制。

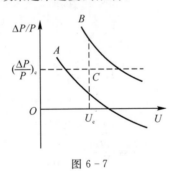

图 6-7

本 章 小 结

本章的研究对象是物价总水平,研究目的是解释并控制物价总水平的变化。

本章在逻辑上承接上一章的总需求-总供给模型,在上一章总需求-总供给决定物价总水平的基础上,继续研究物价总水平的变化问题。因为一国的物价总水平由总需求和总供给决定,所以总需求和总供给某一方或两者同时发生变化,都可以引起物价总水平的变化。

据以上所述,按照物价总水平变化的原因,物价总水平上涨可以分为需求推动型、供给拉动型以及推中有拉的混合型。总需求曲线由产品市场的 IS 曲线和货币市场的 LM 曲线生成，故需求拉动型物价总水平上涨可分为产品市场上引起 IS 曲线移动的实际因素型、货币市场上引起 LM 曲线移动的货币因素型。引起总供给曲线移动的因素有货币工资，故货币工资的增加引起供给拉动型物价总水平上涨。混合型的物价总水平上涨是由总需求先引起、总供给来加强的一个有先有后的过程。

第七章 经济周期、经济增长与经济发展
——绿水青山里的政府情怀

❋ **教学内容**
经济增长的内涵及源泉、经济发展的内涵及动力、经济周期的含义及经典经济周期模型。

❋ **教学目的**

> **思政引领**:感受"绿水青山"里的绿色发展观,激发学生泽被后代的千秋意识。
> **知识传授**:了解经济增长与经济发展,掌握可持续发展战略与"绿水青山"论。
> **思维培养**:培养把经济理论与中国具体问题结合起来的能力。

经济增长、经济发展与经济周期理论是现代宏观经济学的重要理论。它涉及的主要问题包括什么是经济增长,经济增长的源泉是什么,什么是经济发展,如何促使经济发展,经济周期的含义以及产生经济周期的原因等。

第一节 经济周期

经济运动表现为波动,但这种波动并不是杂乱无章的。自从西方世界在1825年爆发第一次恐慌以来,经济社会就是在繁荣与萧条的交替中发展着。这种经济的规律性波动引起了经济学家的注意,对这种规律性波动的情况与原因的研究正是经济周期理论的内容。

一、经济周期的含义、阶段和特点

众所周知,西方资本主义经济运动具有明显的周期特征。所谓周期,指的是一种运动从一种状态出发,经历若干阶段后又回复到这种状态。经济周期则指的是经济运动从繁荣状态出发,经历繁荣、衰退、萧条和复苏四个阶段后又回复到繁荣状态,周而复始。经济周期的四个阶段如图7-1所示,横坐标表示时间,纵坐标表示国内生产总值,曲线表示经济的周期运行,从一个繁荣到下一个繁荣之间的时间间隔称为周期,一个周期包含繁荣、衰退、萧条和复苏四个阶段。一般也把繁荣和复苏合起来叫作扩张阶段,表示整体经济的上升时期;把衰退和萧条合起来叫作收缩阶段,表示经济活动的下降时期。因为经济运行在总体上保持着或多或少的增长,所以从长期看,经济运行的曲线表现为正斜率。

(1)繁荣阶段指的是国内生产总值与经济活动高于正产水平的一个阶段。这一阶段的特征是生产迅速增加、投资增加、信用扩张、物价总水平上升、就业增加、公众对未来保持乐观态度。繁荣的最高点称为顶峰,此时,就业与产出水平达到最高,但股票与商品的价格开始下跌,存货增加,公众的情绪由乐观转为悲观。这是繁荣的极盛时期,也是经济由繁荣转入衰退的开始。

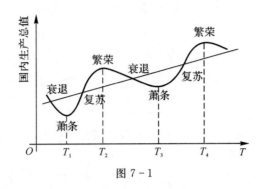

图 7-1

(2)萧条阶段是国内生产总值与经济活动低于正常水平的一个阶段。这一阶段的特征是投资减少、产品滞销、物价下跌、企业利润下降、信用紧缩、生产减少、失业增加、公众对未来保持悲观态度。萧条的最低点称为谷底,此时,就业与产业水平跌至最低,但股票与商品的价格开始回升,存货减少,公众的情绪由悲观转为乐观。这是萧条最严重时期,也是经济由萧条转为复苏的开始。

(3)衰退阶段是从繁荣到萧条的过渡时期,是经济开始从顶峰下降,但仍高于正常水平的阶段。

(4)复苏阶段是从萧条到繁荣的过渡时期,是经济开始从谷底回升,但仍未达到正常水平的阶段。

前面章节已经述及,投资支出以乘数作用作用于国民收入。实际上,不仅投资支出对国民收入有决定作用,国民收入对投资支出也有决定作用。国民收入与投资支出的这种相互作用决定着均衡国民收入和均衡投资支出,这种均衡是不稳定的,是呈周期性的。显然,对国民收入与投资支出之间关系的解释不同,对经济周期的解释就不同,下面进行具体分析。

二、投资的利润理论及卡尔多经济周期模型

(一)投资的利润理论

投资的利润理论认为投资量的大小取决于利润总量。原因有二:一是利润越高,资本的边际效率和投资的边际效率越高,因为投资支出越大。二是高利润是高投资的积累来源,利润越高,投资支出的来源越多;利润越低,投资支出的来源越少。投资支出与利润的这种关系可以用公式表示为

$$I = I(R)$$

且

$$\frac{dI}{dR} > 0$$

另外,利润与国民收入正相关。国民收入越大,利润越高;国民收入越小,利润越低。利润与国民收入之间的关系可以用公式表示为

$$R = R(Y)$$

且

$$\frac{dR}{dY} > 0$$

于是,可得

$$I = I[R(Y)]$$

进一步,有

$$I = I(Y)$$

也就是说,投资支出是国民收入的函数,叫作投资函数。可将其简化为

$$I = I_a + eY$$

其中,$I_a > 0, 0 < e < 1$。I_a 是与国民收入变化无关的投资支出,称为自发投资,eY 是随着国民收入变化而变化的投资支出,称为引致投资。

根据投资函数可求出投资的边际效率为

$$\frac{\partial I}{\partial Y} = e$$

这一投资支出与国民收入之间的函数关系也可以用几何图形表示,如图7-2所示。

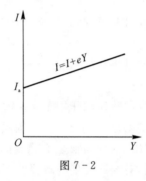

图 7-2

构建两部门条件下的国民收入均衡模型为

$$\begin{cases} S = I \\ S = S_a + sY \\ I = I_a + eY \end{cases}$$

求解均衡国民收入,有

$$Y_e = \frac{I_a - S_a}{s - e}$$

因为

$$S_a = -C_a, s = 1 - c$$

所以

$$Y_e = \frac{I_a + C_a}{1 - (c + e)}$$

求均衡国民收入对自发投资支出的一阶偏导,得

$$\frac{\partial Y}{\partial I_a} = \frac{1}{1 - (c + e)}$$

因为

$$0 < c, e < 1$$

所以
$$\frac{\partial Y}{\partial I_a} > 0$$

因为
$$0 < e < 1$$

所以
$$\frac{1}{1-(c+e)} > \frac{1}{1-c}$$

当投资为利润的函数时,投资乘数大于此前所述的简单投资乘数,将这一乘数称为超乘数。$c+e$ 称为边际支出倾向,表示国民收入增加一个单位所引起的投资支出与消费支出的增加量。

下面分析这一均衡是否稳定。

所谓均衡稳定,指的是经济系统背离一个均衡后能够自动回到这一均衡的状态;否则,则被称为均衡非稳定。上述均衡国民收入模型中的均衡稳定的条件是边际储蓄倾向大于边际投资倾向,即 $s > e$。

如图 7-3 所示,投资曲线比储蓄曲线平缓,即 $s > e$。E 为均衡点,Y_e 为均衡国民收入。当某一外力使得均衡国民收入背离并大于均衡值 Y_e,譬如为 Y_1,此时投资小于储蓄,国民收入会不断减少,最终回落到均衡值 Y_e。当某一外力使得均衡国民收入背离并小于均衡值 Y_e,譬如为 Y_2,此时投资大于储蓄,国民收入会不断增加,最终达到均衡值 Y_e。因此,当 $s > e$ 时,均衡稳定。

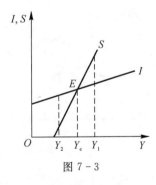

图 7-3

如图 7-4 所示,投资曲线比储蓄曲线陡峭,即 $s < e$。E 为均衡点,Y_e 为均衡国民收入。当某一外力使得均衡国民收入背离并大于均衡值 Y_e,譬如为 Y_1,此时投资大于储蓄,国民收入会不断增加,不会回落到均衡值 Y_e。当某一外力使得均衡国民收入背离并小于均衡值 Y_e,譬如为 Y_2,此时投资小于储蓄,国民收入会不断减少,不会上升到均衡值 Y_e,因此,当 $s < e$ 时,均衡不稳定。

(二)卡尔多经济周期

卡尔多经济周期理论认为投资函数和储蓄函数是非线性的。

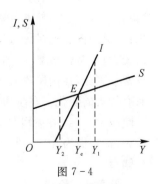

图 7-4

如图7-5所示,投资函数分为三个阶段。在阶段Ⅰ,投资的边际倾向 $e \to 0$,投资曲线接近于水平线。原因是在国民收入量很低时,存在着过剩的生产能力,此时要增加国民收入,并不需要增加投资。在阶段Ⅱ,投资曲线是正常向上倾斜的,投资的边际倾向 $e > 0$。在阶段Ⅲ,投资曲线又接近于水平,即投资的边际倾向 $e \to 0$,原因是在国民收入很高时,企业主已经有了较大量的债务,同时,资本品的价格已经很高,因此,厂商的投资量增加得很少。

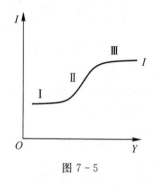

图7-5

投资曲线会随着资本存量的增加或减少而向下或向上移动,原因是当资本存量增加时,资本边际效率会下降,投资的边际效率会下降。因此,同一国民收入所对应的投资量就会减少,即投资曲线会向下移动;反之,则向上移动。

投资曲线随着资本存量的变化而上下移动的过程也可以用几何图形表示,如图7-6所示,K 表示资本存量,当资本存量为 K_1 时,与其对应的投资曲线为 $I_1(K_1)$,当资本存量增加到 K_2 时,与其对应的投资曲线则向下移动到 $I_2(K_2)$。

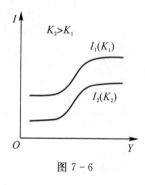

图7-6

卡尔多经济周期理论认为储蓄曲线也分为三个阶段,如图7-7所示。在阶段Ⅰ,储蓄的边际倾向 s 很大,储蓄曲线很陡峭。原因有二:一是经济衰退时,人们要靠减少储蓄来维持生计,因而储蓄倾向降低较大;二是经济复苏时,人们要靠提高储蓄倾向增加储蓄,使其恢复正常。因此,在国民收入较低的阶段,储蓄倾向随着国民收入的变化而有较大的变化。在阶段Ⅱ,储蓄曲线是正常向上倾斜的,储蓄的边际倾向 $s > 0$。在阶段Ⅲ,储蓄曲线又变为陡峭,即储蓄的边际倾向 s 较大,这是因为在国民收入较大的时候,人们会将手中较多的收入用于储蓄。

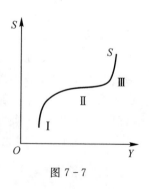

图7-7

储蓄曲线会随着资本存量的增加或减少而向上或向下移动,原因是当资本存量增加时,也

第七章 经济周期、经济增长与经济发展——绿水青山里的政府情怀

意味着财富的增加、人们的储蓄增加,这就表现为储蓄曲线的向上移动;反之,则向下移动。

储蓄曲线随着资本存量的变化而上下移动的过程也可以用几何图形表示,如图 7-8 所示,K 表示资本存量,当资本存量为 K_1 时,与其对应的储蓄曲线为 $S_1(K_1)$;当资本存量增加到 K_2 时,与其对应的投资曲线则向上移动到 $S_2(K_2)$。

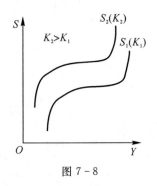

图 7-8

将以上投资曲线与储蓄曲线放入一个平面直角坐标系中,会产生三个交点 A、B、C,即三个均衡点,如图 7-9 所示,在均衡点 A 处,储蓄曲线比投资曲线陡峭,即 $s>e$,可以判断,该均衡是稳定的;在均衡点 B 处,投资曲线比储蓄曲线陡峭,即 $s<e$,可以判断,该均衡是不稳定的;在均衡点 C 处,储蓄曲线比投资曲线陡峭,即 $s>e$,可以判断,该均衡是稳定的。

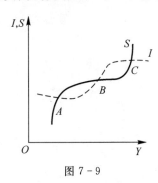

图 7-9

可以据此来说明经济的周期性运行,如图 7-10(a) 所示,假定经济的初始状态是处于繁荣时期的均衡点 C,对应的均衡国民收入是 Y_1,前面已经说明,点 C 是稳定状态,此时国民收入量大、投资量高、资本存量大。随着资本存量的不断增加,投资曲线向下移动,储蓄曲线向上移动,点 C 向下移动,国民收入不断减少,当这种情况持续到一定程度时,点 C 便会与点 B 重合,对应的国民收入为 Y_2。如图(b)所示,因为点 B 是非稳定均衡点,所以逐渐减少的国民收入会形成从 B 点向点 A 的跳跃,国民收入迅速从 Y_2 减少到 Y_3,这就是经济的衰退阶段。当国民收入为 Y_3 时,经济进入萧条阶段。在这一阶段中,国民收入很低,投资量很小,资本存量不能损耗,因此,资本存量不断减少,投资曲线向上移动,储蓄曲线向下移动,点 A 会向上移动,这种情况持续到一定程度时,点 A 便会与点 B 重合,如图(c)所示,因为点 B 是非稳定均衡点,所以逐渐增加的国民收入会形成从点 B 向点 C 的跳跃,国民收入迅速从 Y_4 增加到 Y_5,这就是经济的复苏阶段,当国民收入为 Y_5 时,经济又恢复到繁荣阶段。周而复始,经济会产生下一个周期。

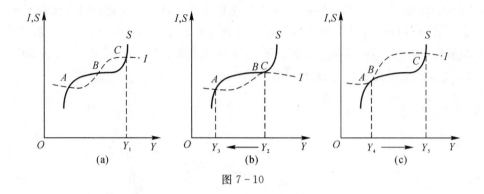

图 7-10

三、投资的加速数理论与经济周期模型

(一)投资的加速数理论

此前章节的投资乘数理论说明了投资的变化会引起国民收入倍数变化,实际上,国民收入的变化也会引起投资的变化。

定义 $\alpha = \dfrac{K}{Y}$ 为平均生产 1 个单位国民收入所使用的资本存量,是一个常数,称为资本产量比。那么第 t 期所使用的资本存量为 $K_t = \alpha Y_t$,因为第 t 期的资本存量等于第 $t-1$ 期的资本存量与第 t 期的净投资量之和,即

$$K_t = K_{t-1} + I_t$$

故第 t 期的净投资量为

$$I_t = K_t - K_{t-1}$$

可得

$$I_t = \alpha(Y_t - Y_{t-1})$$

若令

$$\Delta Y_t = Y_t - Y_{t-1}$$

则

$$I_t = \alpha \Delta Y_t$$

该式说明,第 t 期的净投资量取决于国民收入的增量。净投资增长额为

$$\Delta I_t = I_t - I_{t-1}$$

于是得

$$\Delta I_t = \alpha(\Delta Y_t - \Delta Y_{t-1})$$

即

$$\Delta I_t = \alpha \Delta^2 Y_t$$

该式说明,净投资增长额取决于国民收入增长的"加速度"。该式所表达的国民收入对净投资增长额的"加速度"影响叫作投资的加速数理论,资本产量比 α 叫作加速数。

投资的加速数理论存在的前提假设如下:

(1)没有剩余的生产能力存在,因为如果有剩余的生产能力存在,国民收入增加时,只要使

第七章 经济周期、经济增长与经济发展——绿水青山里的政府情怀

用剩余的生产能力就可以了,不需要投资。

(2)厂商按照社会总支出的增加来增加生产能力。

(3)社会生产能力能够在一个期间生产出投资所需要的资本品。

(二)萨缪尔森经济周期模型

建立包括投资加速数函数的国民收入均衡模型为

$$\begin{cases} Y = AE_{t-1} \\ AE_t = C_t + I_t \\ C_t = C_a + cY_t \\ I_t = \alpha(Y_t - Y_{t-1}) \end{cases}$$

整理,得

$$Y_{t+1} - (c+\alpha)Y_{t-1} + \alpha Y_t = C_a$$

该式是一个二阶差分方程,解的情况取决于 c 和 α 的不同组合。鉴于其解比较复杂,可用几何图形直观说明。

该式所决定的均衡国民收入为

$$Y_e = \frac{C_a}{1-c}$$

当国民收入背离均衡值为 Y_e 时,国民收入的运动可分为以下两类,共五种情况。

第一类:当 $(c+\alpha)^2 \geqslant 4\alpha$ 时,国民收入的运动是无振荡的。其中,当 $\alpha < 1$ 时,如图 7-11 所示,国民收入经过运动会恢复到均衡状态,图中,横坐标表示时间,纵坐标表示国民收入,Y_e 表示均衡国民收入值,Y_0 表示初始国民收入,Y_t 是国民收入的运动过程。当 $\alpha > 1$ 时,如图 7-12 所示,国民收入经过运动不会恢复到均衡状态。

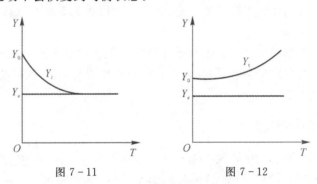

图 7-11　　　　　　图 7-12

第二类:当 $(c+\alpha)^2 < 4\alpha$ 时,国民收入的运动是振荡的。其中,当 $\alpha < 1$ 时,如图 7-13 所示,国民收入经过运动会恢复到均衡状态。图中,初始国民收入背离均衡国民收入,在国民收入围绕均衡值振荡的过程中,振幅越来越小,直至靠近均衡国民收入值。当 $\alpha = 1$ 时,如图 7-14 所示,国民收入会围绕着均衡国民收入等幅振荡,初始国民收入 Y_0 背离均衡国民收入 Y_e,其围绕着均衡值不断振荡,但振幅不变。其中,当 $\alpha > 1$ 时,如图 7-15 所示,国民收入经过运动不会恢复到均衡状态。

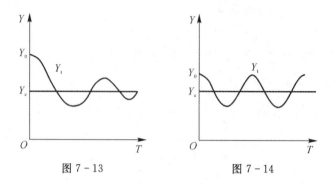

图 7-13　　　　　　图 7-14

图 7-15 中,初始国民收入 Y_0 背离均衡国民收入 Y_e,国民收入围绕着均衡值不断振荡且振幅越来越大,国民收入越来越背离均衡国民收入。

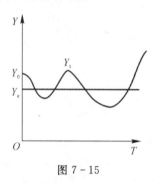

图 7-15

综上可见,当自发性支出发生变化时,就会引起均衡国民收入的变化。如果 c 和 α 的组合属于第一类,那么从一次均衡向下一次均衡的国民收入的运动过程是无振荡的,也就是无周期性特征。如果 c 和 α 的组合属于第二类情况,则从一次均衡到下一次均衡的国民收入的运动过程是振荡的及具有周期性的。

以上将乘数原理和加速原理结合起来解释经济周期的理论叫作乘数-加速理论。更具体来说,以收敛振荡来解释经济周期的加速理论称为弱加速理论,以发散振荡来解释经济周期的加速理论称为强加速理论。

(三)希克斯经济周期模型

希克斯经济周期模型是运用强加速理论对经济周期进行解读的一种理论。这一理论首先假定存在如图 7-16 所示的四条曲线,横坐标表示时间,纵坐标表示投资支出和国民收入,I_a 曲线是自发性投资支出曲线,E 曲线是由生产能力决定的最大可能国民收入曲线,F 曲线是最低可能国民收入曲线,Y_e 是均衡国民收入曲线,这些曲线的斜率多为正,因为经济是增加的。

也可以用图 7-17 来说明经济的周期运动。假定国民经济在均衡国民收入曲线上运动,在 T_1 处时,由于诸如科技革新等原因,国民收入按照乘数-加速原理增加,国民收入从点 A 运行到点 B。在点 B 处,国民收入受生产能力所限,不能再按照乘数-加速原理增

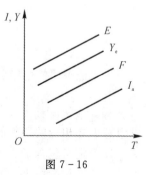

图 7-16

加,只能按照经济增长所确定的限度增加,国民收入从点 B 运动到点 C。由于这一阶段,国民收入的增长率下降,即 ΔY 下降,因此,根据加速理论,投资将减少,投资的减少又会引起国民收入的减少,而国民收入的减少又会按照乘数-加速原理进行,国民收入从点 C 运动到点 D。到达点 D 后,会出现过剩生产能力,加速理论失效,国民收入在自发投资 I_a 和乘数原理作用下沿着 F 曲线增长,国民收入从点 D 运动到点 H。到达点 H 后,生产能力全部发挥作用,无剩余生产能力存在,国民收入的增加又会使投资增加,而投资增加又会使国民收入按照乘数-加速原理增加,国民收入又开始新一轮变化。国民经济就是这样周而复始地运动的,这就是希克斯经济周期。

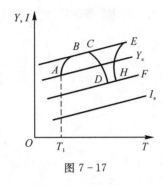

图 7-17

四、经济周期波动的特点

经济学家们发现,不管经济周期产生的原因属于上述哪种情况,经济运行都存在如下规律:

(1)每一个经济周期都包括谷底、扩张、峰顶和衰退四个阶段。扩张与衰退是相互交替的,在交替中有两个不同的转折点,谷底与峰顶也是相互交替的。

(2)每次周期的长度和实际形态会有很大的差异。例如,一次周期的谷底或峰顶可能仅仅持续几周,也可能持续几个月。

(3)经济运行处于某一谷底阶段,其实际的生产和就业水平,有可能出现比以前周期的峰顶时期还要高的状况。

第二节 经 济 增 长

一、经济增长的含义、特征与度量

经济增长是指一个国家或一个地区生产商品和劳务的能力的增长。如果考虑到人口增加和价格变动情况,那么经济增长应当包括人均福利的增长。

库兹涅茨给经济增长下的定义如下:一个国家的经济增长,可以定义为给居民提供日益繁多的经济产品能力的长期上升,这种不断增长的能力是建立在先进技术以及所需要的制度和思想意识之相应的调整的基础上的。

这个定义包含了三个方面的信息:①提供产品能力的长期上升,从而不断提高国民生活水平是经济增长的标志;②先进技术是经济增长的必要条件;③制度与意识的调整是经济增长的充分条件。

库兹涅茨的定义总结了现代经济增长的6个特征:

(1)按人口计算的产量、人口以及资本形成的高增长率。

(2)生产率本身增长的程度是很高的。

(3)经济结构的快速变革,如由农业转向非农业、由工业转向服务业也是很迅速的,生产规模的变化,单个私人企业转向全国性或跨国公司等。

(4)社会结构与意识形态的迅速改变,表现在社会城市化和移风易俗上。

(5)增长在世界范围内迅速扩大,经济发达国家要向其他国家争取市场和原料。

(6)世界各国经济增长不平衡,先进国家和落后国家之间人均产出水平有很大差距。

二、哈罗德-多马经济增长模型

现代西方经济增长理论始于哈罗德和多马的研究成果——哈罗德-多马模型,该模型的基础是凯恩斯主义理论。

(一)哈罗德模型

哈罗德模型有三个基本假设:一是社会生产过程中只使用劳动力和资本两种生产要素,且两种要素的比例不变,每单位产品消耗的两种要素的数量不变;二是整个社会只生产一种产品,既可以是消费品,也可以是投资品;三是技术水平暂时不变,资本产出比不变。

在以上假设的基础上,哈罗德模型将经济增长概括为三个变量之间的关系。

第一个变量是储蓄率,表示储蓄和产值的比率,用公式表示为

$$s = \frac{S}{Y}$$

其中,s 表示储蓄率,S 表示储蓄,Y 表示国民收入。

第二个变量是资本-产出比率,用公式表示为

$$c = \frac{K}{Y}$$

其中,c 表示资本-产出比率,K 表示资本存量,Y 表示国民收入。

若 G 表示经济增长率,则

$$G = \frac{s}{c}$$

该公式表明,一国的经济增长率等于该国的储蓄率与资本-产出比率之比,经济增长率与储蓄率同向运作,与资本-产出比反向运作。

哈罗德模型中的增长率叫作合意增长率,也叫均衡增长率,此外,哈罗德还提出了实际增长率和自然增长率两个概念。实际增长率就是社会实际达到的经济增长率。一国的实际增长率是否等于合意增长率,取决于储蓄是否转化为投资,并得到了充分利用。若储蓄没有全部转化为投资,则实际增长率小于合意增长率,即若希望进行的投资大于储蓄,则实际增长率大于合意增长率。在经济增长过程中,劳动力数量和技术水平并不是如哈罗德模型中所假设的被充分利用。为此,哈罗德又提出了自然增长率的概念。自然增长率指的是劳动力数量增长率和技术进步所带来的劳动生产率增长率之和。假定劳动力和资本比例一定,那么在经济增长

过程中,既要充分利用资本存量,也要充分利用劳动力和劳动生产率,这样,合意增长率就等于自然增长率;资本存量增长率大于劳动增长率和劳动生产率增长率之和,则合意增长率大于自然增长率;假若资本存量增长率小于劳动增长率和劳动生产率增长率之和,则合意增长率小于自然增长率。

(二)多马模型

与哈罗德模型相同,多马模型也将经济增长抽象为三个变量之间的关系。多马模型可以用公式表示为

$$\frac{\Delta Y}{Y} = \sigma s$$

其中,$\frac{\Delta Y}{Y}$ 表示经济增长率,σ 表示平均资本产出率,即平均每单位资本存量所带来的产量,也即 $\frac{Y}{K}$,s 表示储蓄率。

可以看出,多马模型中经济增长率 $\frac{\Delta Y}{Y}$ 相当于哈罗德模型中的合意增长率 G,多马模型中的平均资本产出率 σ 相当于哈罗德模型中的资本-产出率的倒数,也即 $\frac{1}{c}$,多马模型中的储蓄率 s 等于哈罗德模型中的 s。由此可以得出结论:哈罗德模型的基本公式实际上就是多马模型的公式。也正因为如此,将两者合称哈罗德-多马模型。

三、新古典经济增长模型

新古典经济增长模型意指索洛-斯旺经济增长模型,其源于美国经济学家索洛1956年2月在《经济学季刊》上发表的论文《论经济增长理论》和经济学家斯旺同年11月在《经济记录》杂志上发表的论文《经济增长与资本积累》,因其建立在新古典生产函数的基础上而被称为新古典经济增长模型。

与哈罗德-多马模型不同,新古典模型有两个基本假定:第一,假定生产过程多个,且在不同的生产过程中,劳动-资本比率和资本-产出比率都是可变的。这样,在资本存量一定的条件下,生产中使用的劳动力的数量越多,资本-产出比率就越大,反之则相反。第二,在自由竞争的市场经济体制背景下,调价使资源得到充分利用,产出始终是充分就业产出,经济增长指的是充分就业产出增长。

新古典经济增长模型分为技术不变型和技术变化型两种。

(一)技术不变型新古典经济增长模型

根据新古典生产函数,产出 Y 的增长取决于资本存量 K、劳动力数量 L 和技术水平 A。在技术不变的条件下,生产函数可表示为

$$Y = f(K, L)$$

若定义 $MP_L = \frac{\partial Y}{\partial L}$ 为劳动力的边际实物产量,$MP_K = \frac{\partial Y}{\partial K}$ 为资本的边际实物产量,则当资本存量不变时,有

$$\partial Y = \partial L \cdot \mathrm{MP_L}$$

当劳动力数量不变时,有

$$\partial Y = \partial K \cdot \mathrm{MP_K}$$

当资本存量和劳动力数量同时变化时,有

$$\partial Y = \partial L \, \mathrm{MP_L} + \partial K \, \mathrm{MP_K}$$

上式两边同除以 Y,可得

$$\frac{\partial Y}{Y} = \frac{\mathrm{MP_L}}{Y} \partial L + \frac{\mathrm{MP_K}}{Y} \partial K$$

或

$$\frac{\partial Y}{Y} = \frac{\mathrm{MP_L} L}{Y} \frac{\partial L}{L} + \frac{\mathrm{MP_K} K}{Y} \frac{\partial K}{K}$$

根据微观经济学的分配原理,在不考虑生产要素供给的情况下,生产要素的价格等于它的边际实物产量与产品价格的积。这样,每单位生产要素的收入便等于它的边际实物产量。因此,在生产过程中,来自于资本 K 的收入就等于 $\mathrm{MP_K} K$,来自于劳动力 L 的收入就等 $\mathrm{MP_L} L$,总收入表示为

$$Y = \mathrm{MP_K} K + \mathrm{MP_L} L \quad \text{或} \quad \frac{\mathrm{MP_K} K}{Y} + \frac{\mathrm{MP_L} L}{Y} = 1$$

其中,$\dfrac{\mathrm{MP_K} K}{Y}$ 表示资本收入在总收入中的占比,$\dfrac{\mathrm{MP_L} L}{Y}$ 表示劳动力收入在总收入中的占比。

若令

$$\frac{\mathrm{MP_K} K}{Y} = b$$

则

$$\frac{\partial Y}{Y} = \frac{\mathrm{MP_L} L}{Y} \frac{\partial L}{L} + \frac{\mathrm{MP_K} K}{Y} \frac{\partial K}{K}$$

可简化为

$$\frac{\partial Y}{Y} = b \frac{\partial K}{K} + (1-b) \frac{\partial L}{L}$$

该式说明了规模报酬不变时,劳动力增长率和资本增长率对产出增长率的影响。

(二)技术变化型新古典经济增长模型

技术进步对产出的影响一般是通过劳动力和资本实现的。为简化起见,这里把技术进步看成独立于劳动力和资本的一个影响产出的因素。若用 A 表示技术水平,则技术进步率可表示为 $\dfrac{\partial A}{A}$,则方程

$$\frac{\partial Y}{Y} = b \frac{\partial K}{K} + (1-b) \frac{\partial L}{L}$$

可以改写成

$$\frac{\partial Y}{Y} = \frac{\partial A}{A} + b \frac{\partial K}{K} + (1-b) \frac{\partial L}{L}$$

该式表明,产出增长率决定于技术进步率、资本存量增长率和劳动力增长率。

第三节 经 济 发 展

从理论层面看,较高的经济增长似乎总是意味着财富的增长和福利的增进。但20世纪60年代以来,西方很多国家在经济增长过程中出现了严重的环境污染、资源浪费等诸多问题。面对这些问题,理论界开始怀疑经济增长是否值得向往。

一、零经济增长观点

1972年美国经济学家麦多斯等人写了《增长的极限》一书。书中指出,粮食缺少、资源枯竭和环境污染等问题之严重及相互反馈的结果,导致人口和工业生产的增长将于2100年到来之前完全停止,最后出现"世界末日"。要避免这种灾难性情况的发生,从1975年起,要停止人口的增长,1990年停止工业投资的增长,以达到"零度人口增长"和"零度经济增长"的全球性均衡。

零增长观点一经提出,就引起西方社会的广泛讨论。持有异议的观点认为:
(1)实行一种阻止经济继续增长的决策是不容易的。
(2)经济零增长将严重损害在国内或国外消除贫困的努力。
(3)经济零增长不容易对有效的环境保护提供资金。

二、可持续发展

尽管经济零增长的观点不可取,但它提出的现代经济发展带来的环境污染、生态破坏、资源枯竭问题引起了人们的高度重视。可持续发展战略正是在这样的背景下提出的。这一战略是1987年世界环境与发展委员会在《我们共同的未来》的报告中首次提出的。

可持续发展被定义为"既满足当代人的需要,又不损害未来世代人满足其自身需要的能力的发展"。尽管对此定义,人们还有各种不同的解释,但有两点是一致的:一是认识到环境与资源对经济增长的制约,二是强调代际公平①。为此,可持续发展要求在经济增长中逐渐以人力资源及人类制造的生产能力替代自然资源,因为地球上可再生资源的自我更新能力有限,不可再生资源的总储量更是有限。

可持续发展要求严格控制人口增长。环境污染及资源掠夺性利用既与追求经济增长有关,也与人口迅速增长有关,而经济增长本身也是人口增长所要求的。事实表明,生态环境破坏、资源掠夺式利用,也是人口增长的必然结果。要在不断提高生活水平的同时不影响生态环境,必须控制人口增长。

可持续发展还要求改变生产方式和生活方式。改变生产方式就是要改变资源消耗型的粗放经营方式,提高产品科技含量,让每一亩地、每一滴水、每一吨煤、每一度电能生产出更多、更好的产品,满足人们需要。改变生活方式,就是要改变人们在具有充足购买力时过度消费的奢

---

① 代际公平,是可持续发展战略的重要原则,要求不同代际之间公平使用自然资源,即当代人必须留给后代人生存和发展的必要环境资源和自然资源。

侈习惯。据世界银行统计,20世纪80年代末美国人均能源消费量是中国人的13.8倍,印度人的35倍。全球生态退化的四分之三是生活在富裕国家、占世界四分之一的人口造成的。可持续发展要求人们必须改变这种追求能源密集型的消费模式。

当代人应当为未来世代做出多大的牺牲,或在多大程度上能向未来世代借支生存发展的资源,如何确定个人当前的消费欲望,不但需要提高全民的可持续发展的理念,而且需要发挥政府的行政干预和宏观调控在平衡当前和未来利益方面所起的主导作用。

三、绿色发展——绿水青山里的政府情怀

(一)绿色发展提出的背景

改革开放至今,中国经济迅速发展,综合国力明显壮大,人民生活水平稳步提升,这些都是有目共睹的。然而,在急功近利的短期物质欲望实现过程中,随之而来的是过度开发利用自然资源、大量排放工业污水、乱捕乱猎、乱砍滥伐等一系列行为引起的生态退化与自然惩罚,在一定程度上揭示了经济发展与环境承载能力之间的矛盾日益突出。2017年6月5日环境保护部发布的《2016中国环境状况公报》显示:

2016年,全国338个地级及以上城市中,有84个城市环境空气质量达标,占全部城市数的24.9%;254个城市环境空气质量超标,占75.1%。338个地级及以上城市平均优良天数比例为78.8%,比2015年上升2.1%;平均超标天数比例为21.2%……全国地表水1 940个评价、考核、排名断面中,Ⅰ类、Ⅱ类、Ⅲ类、Ⅳ类、Ⅴ类和劣Ⅴ类分别占2.4%、37.5%、27.9%、16.8%、6.9%和8.6%……全国环境电离辐射水平处于本底涨落范围内,环境电磁辐射水平低于国家规定的相应限值……生态环境质量"优"和"良"的县域主要分布在华北平原、东北平原中西部、内蒙古中部、青藏高原中部和新疆北部等地区,"较差"和"差"的县域主要分布在内蒙古西部、甘肃西北部、青藏高原北部和新疆大部。

针对以上挑战,习近平总书记提出,要充分认识形成绿色发展方式和生活方式的重要性、紧迫性、艰巨性。绿色发展是在资源环境承载力范围内,内嵌绿色经济、政治、文化、社会和生态,通过保护生态环境,实现资源环境与经济社会发展协调共进的新型发展模式,是应对日益严重的资源危机和环境危机的必由之路。

(二)习近平关于绿色发展的重要论述

习近平同志形成的以绿色为基调的生态文明思想,是在对马克思、恩格斯的生态理论,中国传统文化中的生态智慧,以及一代又一代的中国共产党领袖的生态思想不断学习、领悟、思考和挖掘的过程中,在自身成长、劳动和工作的实践中,历经了孕育、雏形、成熟和丰满的历史锤炼,历经了从"浅绿"到"深绿"的深邃加工而后脱颖而出的时代蓝图,其内容丰富,视角多维,语言铿锵,思维辩证。现采撷一些,以飨读者。

生态环境保护的成败,归根结底取决于经济结构和经济发展方式。经济发展不应是对资源和生态环境的竭泽而渔,生态环境保护也不应是舍弃经济发展的缘木求鱼,而是要坚持在发展中保护、在保护中发展,实现经济社会发展与人口、资源、环境相协调,不断提高资源利用水平,加快构建绿色生产体系,大力增强全社会节约意识、环保意识、生态意识。

——在海南考察工作结束时的讲话(2013年4月10日)

第七章 经济周期、经济增长与经济发展——绿水青山里的政府情怀

推进生态文明建设,必须全面贯彻落实党的十八大精神,以邓小平理论、"三个代表"重要思想、科学发展观为指导,树立尊重自然、顺应自然、保护自然的生态文明理念,坚持节约资源和保护环境的基本国策,坚持节约优先、保护优先、自然恢复为主的方针,把生态文明建设融入经济建设、政治建设、文化建设、社会建设各方面和全过程,着力树立生态观念、完善生态制度、维护生态安全、优化生态环境,形成节约资源和保护环境的空间格局、产业结构、生产方式、生活方式。

——在十八届中央政治局第六次集体学习时的讲话(2013年5月24日)

走向生态文明新时代,建设美丽中国,是实现中华民族伟大复兴的中国梦的重要内容。中国将按照尊重自然、顺应自然、保护自然的理念,贯彻节约资源和保护环境的基本国策,更加自觉地推动绿色发展、循环发展、低碳发展,把生态文明建设融入经济建设、政治建设、文化建设、社会建设各方面和全过程,形成节约资源、保护环境的空间格局、产业结构、生产方式、生活方式,为子孙后代留下天蓝、地绿、水清的生产生活环境。

——致生态文明贵阳国际论坛二〇一三年年会的贺信(2013年7月18日),
《人民日报》(2013年7月21日)

中国明确把生态环境保护摆在更加突出的位置。我们既要绿水青山,也要金山银山。宁要绿水青山,不要金山银山,而且绿水青山就是金山银山。我们绝不能以牺牲生态环境为代价换取经济的一时发展。

——在哈萨克斯坦纳扎尔巴耶夫大学演讲时的答问(2013年9月7日),
《人民日报》(2013年9月8日)

我说过,既要绿水青山,也要金山银山;绿水青山就是金山银山。绿水青山和金山银山绝不是对立的,关键在人,关键在思路。为什么说绿水青山就是金山银山?"鱼逐水草而居,鸟择良木而栖。"如果其他各方面条件都具备,谁不愿意到绿水青山的地方来投资、来发展、来工作、来生活、来旅游?从这一意义上说,绿水青山既是自然财富,又是社会财富、经济财富。

——在参加十二届全国人大二次会议贵州代表团审议时的讲话(2014年3月7日)

生态环境问题归根到底是经济发展方式问题,要坚持源头严防、过程严管、后果严惩,治标治本多管齐下,朝着蓝天净水的目标不断前进。这是利国利民利子孙后代的一项重要工作,绝不能说起来重要、喊起来响亮、做起来挂空挡。

——在中央经济工作会议上的讲话(2014年12月9日)

经济要发展,但不能以破坏生态环境为代价。生态环境保护是一个长期任务,要久久为功。

——在云南考察工作时的讲话(2015年1月19日—21日),
《人民日报》(2015年1月22日)

协调发展、绿色发展既是理念又是举措,务必政策到位、落实到位。要采取有力措施促进区域协调发展、城乡协调发展,加快欠发达地区发展,积极推进城乡发展一体化和城乡基本公共服务均等化。要科学布局生产空间、生活空间、生态空间,扎实推进生态环境保护,让良好生态环境成为人民生活质量的增长点,成为展现中国良好形象的发力点。

——在华东七省市党委主要负责同志座谈会上的讲话(2015年5月27日),
《人民日报》2015年5月29日

城市发展不仅要追求经济目标,还要追求生态目标、人与自然和谐的目标,树立"绿水青山也是金山银山"的意识,强化尊重自然、传承历史、绿色低碳等理念,将环境容量和城市综合承

载能力作为确定城市定位和规模的基本依据。

——在中央城市工作会议上的讲话(2015年12月20日)

绿色生态是最大财富、最大优势、最大品牌,一定要保护好,做好治山理水、显山露水的文章,走出一条经济发展和生态文明水平提高相辅相成、相得益彰的路子。

——在江西考察工作时的讲话(2016年2月1日—3日),
《人民日报》(2016年2月4日)

在生态环境保护建设上,一定要树立大局观、长远观、整体观,坚持保护优先,坚持节约资源和保护环境的基本国策,像保护眼睛一样保护生态环境,像对待生命一样对待生态环境,推动形成绿色发展方式和生活方式。

——在参加十二届全国人大四次会议青海代表团审议时的讲话(2016年3月10日),
《人民日报》(2016年3月11日)

绿色发展是生态文明建设的必然要求,代表了当今科技和产业变革方向,是最有前途的发展领域。人类发展活动必须尊重自然、顺应自然、保护自然,否则,就会受到大自然的报复。这个规律谁也无法抗拒。要加深对自然规律的认识,自觉以对规律的认识指导行动。不仅要研究生态恢复治理防护的措施,而且要加深对生物多样性等科学规律的认识;不仅要从政策上加强管理和保护,而且要从全球变化、碳循环机理等方面加深认识,依靠科技创新破解绿色发展难题,形成人与自然和谐发展新格局。

——《为建设世界科技强国而奋斗》(2016年5月30日)(人民出版社单行本,第12页)

推动形成绿色发展方式和生活方式,是发展观的一场深刻革命。这就要坚持和贯彻新发展理念,正确处理经济发展和生态环境保护的关系,像保护眼睛一样保护生态环境,像对待生命一样对待生态环境,坚决摒弃损害甚至破坏生态环境的发展模式,坚决摒弃以牺牲生态环境换取一时一地经济增长的做法,让良好生态环境成为人民生活的增长点、成为经济社会持续健康发展的支撑点、成为展现中国良好形象的发力点,让中华大地天更蓝、山更绿、水更清、环境更优美。

——在十八届中央政治局第四十一次集体学习时的讲话(2017年5月26日)

我们要充分认识形成绿色发展方式和生活方式的重要性、紧迫性、艰巨性,加快构建科学、适度、有序的国土空间布局体系、绿色循环低碳发展的产业体系、约束和激励并举的生态文明制度体系、政府企业公众共治的绿色行动体系,加快构建生态功能保障基线、环境质量安全底线、自然资源利用上线三大红线,全方位、全地域、全过程开展生态环境保护建设。

——在十八届中央政治局第四十一次集体学习时的讲话(2017年5月26日)

坚持绿色发展是发展观的一场深刻革命。要从转变经济发展方式、环境污染综合治理、自然生态保护修复、资源节约集约利用、完善生态文明制度体系等方面采取超常举措,全方位、全地域、全过程开展生态环境保护。

——在山西考察工作时的讲话(2017年6月21日—23日),
《人民日报》(2017年6月24日)

(三)绿色发展的价值意蕴

绿色发展是发展观的一场深刻革命,具有高度的理论意义和实践价值。

绿色发展是对马克思主义生态哲学思想的继承与创新。马克思主义的生态哲学思想具体表现为人与自然相互统一的思想。马克思辩证地解读了人与自然的对象性关系。他既指出了人在自然面前的能动性,具体表现为人可以能动地加工和改造自然,这种能动性使得绿色发展具有可能性。同时,他又强调人在自然面前的被动性,因为被动性的存在,人需要敬畏自然,需要遵循自然规律,方能发挥其能动性,这就是人与自然的相互统一性质。

绿色发展观为中国绿色发展实践指明了方向,彰显了实践价值。"尊重自然、顺应自然、包含自然"是绿色发展的前提,"以人民为中心"是绿色发展的归宿,"绿水青山,金山银山""资源节约""环境友好"是绿色发展的切入点,"低碳、循环"是绿色发展的途径,"生态文明制度体系"是绿色发展的制度保证。据此可见,绿色发展观是对绿色发展的系统设计和顶层勾勒,这种理念,必将引领中国走向生态文明新时代。

习近平指出:"绿色发展,就其要义来讲,是要解决好人与自然和谐共生的问题。"同时强调"人类发展活动必须尊重自然、顺应自然、保护自然,否则就会遭到大自然的报复"。这是新一代领导人以人为本发展理念的体现,让我们看到了新一代领导人对子民及后代的拳拳心意,让我们感受到了绿水青山里的政府的殷殷情怀。

本 章 小 结

本章从更宏观的层面对经济运行的规律进行了总结,认为经济运行并不是杂乱无章的,而是遵循一定的理论机理,繁荣和衰退交替进行。虽然不少经济学家以不同的模型解读了经济增长,但20世纪60年代以来,很多国家经济增长过程中出现的严重的环境污染、资源浪费等诸多问题,也让理论界开始怀疑经济增长是否值得向往。于是,经济发展理论以及以此为基础的发展经济学应时局而生,为很多发展中国家的经济发展提供了思路。习近平的以绿色为基调的生态文明思想是经济发展理论与中国实践相结合的顺应时空的伟大产物,是破解中国乃至世界经济发展过程中诸多问题的利器,是新一代领导人顺民意、站初心的殷殷情怀。

参 考 文 献

[1] 白暴力. 宏观与微观经济分析[M]. 西安:陕西人民出版社,1999.
[2] 高鸿业. 西方经济学[M]. 7版. 北京:中国人民大学出版社,2018.
[3] 宋承先. 现代西方经济学[M]. 上海:复旦大学出版社,1997.
[4] 凯恩斯. 就业、利息和货币通论[M]. 北京:商务印书馆,1963.
[5] 夏皮罗. 宏观经济分析[M]. 北京:中国社会科学出版社,1985.
[6] 斯蒂格利茨. 经济学[M]. 北京:中国人民大学出版社,1997.
[7] 多恩布什,费希尔. 宏观经济学[M]. 北京:中国人民大学出版社,1997.
[8] 罗默. 高级宏观经济学[M]. 北京:商务印书馆,2001.
[9] 吴易风. 西方经济学[M]. 北京:中国人民大学出版社,1999.
[10] 布兰查德. 宏观经济学[M]. 北京:清华大学出版社,2003.
[11] 罗伯特. 宏观经济学原理[M]. 北京:中国人民大学出版社,2008.
[12] 萨纽尔森,诺德豪斯. 经济学[M]. 北京:人民邮电出版社,2004.
[13] 张延. 中级宏观经济学[M]. 北京:北京大学出版社,2010.
[14] 蔡继明. 宏观经济学[M]. 北京:人民出版社,2002.
[15] 梁小民. 高级宏观经济学教程[M]. 北京:北京大学出版社,1993.